Ulrich Offenberg

ALEXANDER DER GROSSE

© Verlag KOMPLETT-MEDIA GmbH
2015, München/Grünwald
www.der-wissens-verlag.de

Geschichts-Daten

356 v. Chr.:	Geburt Alexander des Großen
343:	Bestellung von Aristoteles als Lehrer
338:	Erste Schlacht (Chaironeia)
336:	Ermordung von Vater Philipp, Alexander wird König der Makedonen
335:	Eroberung Thebens
334:	Beginn des Perserkrieges Schlacht am Granikos
333:	Eroberung Gordions Schlacht bei Issos
332:	Eroberung von Tyros Gründung Alexandrias
331:	Eroberung von Ägypten Schlacht bei Gaugamela Einzug in Babylon Einzug in Persepolis
330:	Verfolgung und Tod des Dareios
329:	Marsch in den Hindukusch Heirat mit Rhoxane
328:	Mord an Kleitos
327:	Marsch nach Indien
326:	Alexander erreicht den Indus Schlacht am Hydaspes Alexander erreicht den Hyphasis Rückzug nach Persien

Geschichts-Daten

325:	Marsch durch die Wüste Rückkehr nach Persepolis
324:	Massenhochzeit in Susa Revolte in Opis Tod des Hephaistos
323:	Aufenthalt in Babylon Erkrankung Alexanders
11. Juni 323:	Tod Alexander des Großen Beerdigung im Glassarg in Alexandria

Inhaltsverzeichnis

„Nur ganz wenigen Menschen wird der Vorzug zuteil, eine höhere Bestimmung als die bloße Existenz zu erleben. Nur wenige Menschen dürfen an der Seite eines großen Helden ferne Länder erobern und wilde Völker unterwerfen, märchenhafte Schätze erbeuten und in unbekannte Weiten vorstoßen, die bisher kein zivilisiertes Menschenauge gesehen.

Dieses Glück, unsterblichen Ruhm zu erfahren, schenkte uns Alexander, den die Nachwelt den Großen nennen wird. Ein Held, wie ihn die Welt bisher nicht gesehen. Ein Gott, den Herakles gezeugt hat in Olympias Schoße und den die Götter geliebt haben wie keinen zweiten und den sie früh, allzu früh, zu sich holten.

Wir, die gefürchteten Krieger Makedoniens, waren dabei, als Alexander die mächtigen Perser unterwarf, als er uns das sagenhafte Babylon zu Füßen legte und die Reichtümer Ägyptens. Wir kämpften an seiner Seite, als er die stolzen Meder, die kühnen Baktrier und wilden Saker besiegte. Er brach den Stolz der Uxier, der Arachosier und Drangianer. Wir waren Zeugen, mit welcher Macht er die wilden Parthier, Chorasmier und Hyrkanier längs des Kaspischen Meeres demütigte.

Mit ihm überstiegen wir den mit ewigem Schnee bedeckten Kaukasus, den Oxus und den Tanais. Wir hielten ihm die Treue, als er den Indus überquerte, wie nur der Gott Dionysos vor ihm. Wir standen treu zur Seite, als er den mächtigen König Poros niederwarf und die Maller und Oxydrater züchtigte. Wir durchschwammen den Hydaspes, den Akesines, auch den Hyraotis. Sogar den Hyphasis hätte er bezwungen, wenn wir, die kleinmütigen und heimatkranken Söhne Makedoniens, ihn nicht daran gehindert hätten.

Alexander war es, der mit uns durch die schreckliche Wüste Gedrosiens, die niemand vor ihm mit einem Heer durchquert hatte, heim nach Westen zog. Doch in Babylon, wo er den Scheiterhaufen für seinen verstorbenen Liebling Hephästion aufrichten ließ, erreichte ihn der Ruf der Götter. Ein verzehrendes Fieber warf unseren Helden auf das Krankenlager. Und als wir zornig begehrten, unseren geliebten König zu sehen, da wurde uns Einlass im Palast gewährt und wir Veteranen schritten in langer Reihe an unserem gottgleichen Herrscher vorbei.

Unser geliebter König reichte jedem von uns die rechte Hand, winkte uns mit den Augen den letzten Abschiedsgruß zu. Die Götter hatten ihm bereits den Mund versiegelt. Als die ruhmbedeckte Seele schließlich den leblosen Körper verließ, brach großes Wehklagen im Heere aus und die Sonne verfinsterte sich. Wir zogen betrübt und ohne Hoffnung zurück in die Heimat, um dort von den gewaltigen Heldentaten unseres großen Alexander zu berichten.“

So könnte der knappst mögliche Bericht eines Weggefährten Alexanders des Großen über dessen soldatisches Lebenswerk formuliert gewesen sein. Es waren seine Soldaten, die seinen Ruhm begründeten und die die sagenhaften Geschichten seiner Taten detailgenau der Nachwelt überlieferten. Und sie waren es, die ohne es zu wissen, Geschichte machten und den Mythos unbesiegbarer Jugend, des Genieglaubens und eines zu schnell verbrennenden Feuers in der westlichen Kultursphäre nachhaltig prägten.

Alexanders Jugend

Alexander, der Sohn von König Philipp von Makedonien, wurde im Juli 356 vor Christus in Pella, der Hauptstadt des makedonischen Reiches, geboren. Seine Mutter Olympias war eine Tochter des Königs Neoptolemos von Epeiros aus der Dynastie der Aiakiden. König Philipp hatte sie etwa zwei Jahre vorher bei einem Besuch auf der Insel Samothrake kennen gelernt und zur Frau genommen.

Olympias war eine Frau von leidenschaftlichem Charakter. In Epeiros hatte sie bereits an dionysischen Orgien als Tänzerin teilgenommen. Sie war selbstbewusst, stolz und unberechenbar. Religiös war sie exaltiert, durch ihre Herrschsucht gefährlich, im Hass und in der Rache furchtbar.

Alexander muss sehr stark an seiner Mutter gehangen haben. Er bewahrte Zeit seines Lebens, auch in fernen Ländern, eine bemerkenswert starke Bindung an sie. Er schrieb ihr viele Briefe und sie war in persönlichen Fragen seine einzige Vertraute. Alexanders Drang nach der Ferne, sein Verlangen nach dem Äußersten, Exzentrischen und Abenteuerlichen, das war mit Sicherheit ein mütterliches Erbteil.

Dagegen war Alexanders Verhältnis zu seinem Vater Philipp, mit dem er später sogar offen in Streit geriet, von Anfang an weniger eng. Der übermächtige Herrscher lastete auf dem Sohn, der in sich die Fähigkeit zu großen Taten verspürte. Aber seine hohe Intelligenz, die beispiellose Willenskraft, Zielstrebigkeit und die Geschicklichkeit, mit jeder noch so schwierigen Situation fertig zu werden, all diese Eigenschaften verdankte Alexander seinem Vater. Dazu wohl auch die Neigungen zu Zornesausbrüchen und zur Trunksucht. Philipp dagegen, der das stolze und widerspenstige Volk der Hellenen unter seinen Willen gezwungen hatte, sah von Anfang an in seinem Sohn den geeigneten Nachfolger.

Die Idylle in Makedonien

Alexander hat seine Jugend in Landschaften verbracht, die zu den schönsten Europas gehören, in Makedonien. Die Makedonen, in deren Mitte er aufwuchs, waren freie Hirten und Bauern. Die Aristokratie, der Land besitzende Schwertadel, hielt sich, wenn nicht gerade irgendwelche Kriegszüge stattfanden, bei Hofe auf.

In ihren Anfängen waren die Makedonen im Tal der Vistritza zu Hause, in den Bergen an der Grenze zwischen Albanern und Serben. Von da aus haben sie sich in die Ebene von Manastir und zum Ochridasee vorgearbeitet. Später ist das kleine Bergvolk nach Süden an den Rand des Gebirges vorgedrungen. Dort wurde Aigai gegründet, die erste geschichtlich überlieferte Hauptstadt der Makedonen. Wie ein Adlerhorst schwebt sie über der wasserreichen, fruchtbaren Ebene, die sich vom Fuß des Gebirges bis zum Golf von Saloniki hinzieht.

Am Anfang des 7. Jahrhunderts begannen die Makedonen, von Aigai aus die Ebene, auf die sie bisher nur hinabgeblickt hatten, zu erobern. Nachdem ihnen das gelungen war, gründeten sie an der Küste Pella, ihre zweite Hauptstadt. Doch Aigai blieb der geheiligte Mittelpunkt des Reiches und die Ruhestätte der Herrscher. Alle großen Feste wurden auch weiterhin in Aigai gefeiert.

Schon im Altertum wurde darüber gestritten, ob die Makedonen Hellenen seien oder nicht. Von den Griechen wurden sie nicht als solche anerkannt. Lange hatte das griechische Volk daher hochmütig auf die Makedonen herabgeblickt. Nachdem Alexander Persien erobert hatte, blickten die Makedonen ihrerseits hochmütig auf die Griechen herab. Die

Griechen, denen die Demokratie als Inbegriff politischer Weisheit galt, sahen die Makedonen als Barbaren, weil diese bei ihrer bäuerlichen Verfassung geblieben waren. Der makedonische König war ein Krieger – wie rückständig das doch war, geradezu gewöhnlich und ordinär.

Der heranwachsende Alexander wurde fast ausschließlich von der Mutter erzogen, schon weil Philipp die meiste Zeit Krieg führte. Olympias bestellte als Amme für ihren Sohn eine gewisse Lanike, die dem makedonischen Adel entstammte und bis zum sechsten Lebensjahr Alexanders im Palast zu Pella an seiner Seite blieb. Ihr Bruder war Kleitos, der erste Jugendfreund und ständige Begleiter Alexanders, der später in der Schlacht am Granikos zum Lebensretter des jungen Königs wurde und von ihm, trunken und voll blindwütigen Zorns, nach einem Gelage von einem Speer durchbohrt wurde.

Mit sechs Jahren erhielt Alexander, wie es in vornehmen makedonischen Familien üblich war, Erzieher mit griechischer Bildung. Doch der Einfluss der Mutter blieb. Sie hielt ihn vor allem nachdrücklich zum Götterkult und zum Opferwesen an. Selbst als Alexander in Babylon fieberkrank danieder lag, schleppte er sich zwei Tage vor seinem Tod noch in den Tempel, um den Göttern zu opfern.

Als Alexander 13 oder 14 Jahre alt war, begann Philipp sich mehr als bisher um die Ausbildung des jungen Prinzen zu kümmern. Er bestellte den großen Philosophen Aristoteles von Stageira zum Erzieher und Lehrer seines Sohnes. Dieser Unterricht durch einen der größten Denker des Altertums bestimmte in den darauf folgenden zwei bis drei Jahren wesentlich die geistige Entwicklung des Heranwachsenden. Alexander selbst soll später geäußert haben, seinem Vater

Philipp verdanke er, dass er lebe, aber seinem Lehrer Aristoteles, dass er recht zu leben verstehe.

Aristoteles weckte in Alexander die Vorliebe für Bildung, Kultur, Forschung und Medizin. Im Feldlager pflegte Alexander seinen Freunden Arzneimittel und Diät zu verordnen. Die Erforschung der Fauna, Flora und Mineralien war ihm auf seinen Feldzügen so wichtig, dass er planmäßig Beobachtungen und Material sammeln und an Aristoteles schicken ließ. Das Weltbild, das Aristoteles ihn gelehrt hatte, diente dem späteren Welteroberer zur Orientierung. Und über Entdeckungen hat er mit seinem einstigen Lehrer regelmäßig korrespondiert.

Die Schlacht von Chaironeia

Die Lehrjahre des jungen Prinzen waren zu Ende, als Philipp, der damals schon den größten Teil Thrakiens unterworfen hatte, den 16-jährigen zu seinem Statthalter und Stellvertreter in Makedonien ernannte. Der König wurde von seinem Sohn nicht enttäuscht.

Eine Probe der Unerschrockenheit und Klugheit des Prinzens ist die später oft erzählte Episode, wie er den thessalischen Hengst Bukephalos zähmte, der dem König zum Kauf angeboten war, aber wegen seines störrischen Charakters zurückgegeben werden sollte. Dieses wohl berühmteste Pferd der Geschichte war seitdem Alexanders Leibross und begleitete ihn auf all seinen Feldzügen bis nach Indien,wo der Hengst vor Erschöpfung zusammenbrach und starb. Alexander trauerte um das treue Tier wie um einen guten Freund.

Als Statthalter des Königs empfing Alexander auch eine persische Gesandtschaft in Pella und führte mit Erfolg sein erstes selbstständiges Unternehmen durch, als er den aufständischen thrakischen Stamm der Maider niederwarf und in deren Gebiet den Stützpunkt Alexandropolis anlegte. Die erste Stadt von vielen, die seinen Namen trug.

Die Zusammenarbeit von Vater und Sohn fand ihren Höhepunkt in der Schlacht bei Chaironeia am 2. August 338, in der die Heere der Makedonen und der Griechen einander mit je 30.000 Mann in der Ebene des Kephisos gegenüberstanden. Es ging hier um nichts Geringeres als um die Vorherrschaft in Griechenland.

Der junge Prinz, strotzend vor Kampfeslust auf seinem weißen Hengst Bukephalos vor den Truppen einher reitend, griff auf dem linken Flügel die Griechen stürmisch an. Das kurze Schwert in der rechten Hand attackierte der junge Prinz die kampferprobten Thebaner. Unser Zeitzeuge, den wir schon zu Anfang dieser Geschichte gehört haben, erinnert sich: „*Wir schlugen mit unseren Schwertern kräftig gegen die Schilde und stimmten das makedonische Kriegslied an. Dann stürmten wir jubelnd Alexander nach. Die Thebaner begannen allmählich zu wanken und zu weichen. Unsere Kräfte schienen sich dadurch zu verdoppeln. Wir schlugen auf sie ein und achteten nicht auf irgendwelche Verwundungen. Bald danach flohen die Griechen in einem heillosen Durcheinander. Mit diesem jungen Helden an der Spitze wären wir auch gegen die Götter der Unterwelt angerannt. Alexander, der strahlend schöne Prinz, war uns vom Himmel gesandt, daran bestand kein Zweifel.*“

Die Schlacht bei Chaironeia bedeutete das Ende der klassischen griechischen Demokratie. Das Königreich Makedonien bestimmte jetzt die Geschicke der Hellenen. Schon bald verkündete Philipp den Griechen sein Vorhaben,

Persien anzugreifen, um das Unrecht zu vergelten, das Großkönig Xerxes einst den Griechen angetan hatte. Die Griechen stimmten dem Plan zwar pflichtgemäß zu, waren aber in Wirklichkeit nicht sonderlich begeistert. Die Zeit des Xerxes lag damals schließlich bereits fast anderthalb Jahrhunderte zurück. Sie stellten daher gezwungenermaßen nur kleine Truppen-Kontingenten für den so genannten „Rachekrieg".

Dennoch schien die Gelegenheit für Philipp günstig, da das einst so mächtige Perserreich nach dem Tode seines tatkräftigen Herrschers Artaxerxes III. Ochos durch Thronwirren geschwächt war. Ein starkes makedonisches Heer unter dem Befehl der Feldherren Parmenion und Attalos wurde vom König über den Hellespont vorausgeschickt, um in Kleinasien erste militärische Stützpunkte zu bilden.

Der Streit zwischen Vater und Sohn

Doch kurz vor dem Aufbruch des Hauptheeres veränderte ein unheilvoller Konflikt in der Königsfamilie die Lage. Philipp war nach seiner Rückkehr aus Griechenland eine neue Ehe mit der jungen Kleopatra, der Nichte seines Feldherrn Attalos, eingegangen, ohne jedoch Olympias als rechtmäßige Gattin zu verstoßen. Alexander, der während der Abwesenheit Philipps selbstständig und mit Erfolg die Illyrer bekämpft hatte, nahm an der Hochzeitsfeier teil. Dabei kam es durch eine herausfordernde Provokation von Attalos zum offenen Streit.

„Bittet die Götter", rief Attalos, vom Wein erhitzt, „dass sie unserer Königin Schoß segnen und dem Lande einen rechtmäßigen Thronerben schenken mögen!" Alexander erbleichte und schrie, heftig erregt: „Ich ein Bastard, Lästerer?" und schleuderte seinen Pokal gegen den Attalos.

Der König, Zeuge dieser Szene, sprang daraufhin wütend auf, riss sein Schwert aus der Scheide und stürzte auf den Sohn los, um ihn zu durchbohren. Aber der Wein, die Wut, die Wunde, die er in Chaironeia erlitten hatte, all das machte seinen Schritt unsicher. Taumelnd fiel er zu Boden. Alexander blickte hohnlachend auf seinen Vater: „Seht, liebe Freunde“, rief er, „mein Vater will von Europa aus Asien erobern und schafft nicht einmal den Weg von Tisch zu Tisch.“ Dann eilte er zur trauernden Mutter, um mit ihr nach Epirus zu flüchten, der Heimat Olympias.

Nach einem halben Jahr versöhnten sich Vater und Sohn schließlich wieder. Aber das gelang nur dadurch, dass Philipp dem jungen Alexander klare Zusicherungen über die Thronfolge gemacht hatte. Dagegen weigerte sich Olympias, sich mit Philipp wieder zu arrangieren und Epeiros zu verlassen. Mit ihrem einzigen Sohn blieb sie fortan in ständiger geheimer Verbindung.

Philipp jedoch war bestrebt, vor dem Beginn seines Perserfeldzugs den Frieden im Hause wiederherzustellen. Um Olympias auszusöhnen, bot er ihrem Bruder, König Alexander von Epeiros, die Hand seiner Tochter Kleopatra an, der Schwester des Prinzen Alexander. Solche Hochzeiten unter Verwandten waren im alten Griechenland durchaus üblich.

Philipps Tod und Alexanders Machtübernahme

Der Vorschlag wurde angenommen und die Vermählung in Makedonien vorbereitet. Doch die Hochzeit des Königs von Epeiros, die in der alten makedonischen Residenz Aigai im Sommer 336 gefeiert wurde, endete schließlich fürchterlich: König Philipp wurde heimtückisch ermordet. Der Täter, ein

Leibgardist namens Pausanias, fühlte sich angeblich beleidigt und vom König nicht gerecht behandelt.

Damals wollten die Stimmen nicht verstummen, dass die gekränkte Olympias die Anstifterin dieser frevelhaften Tat gewesen sei. Auf jeden Fall hat sie nach dem Mord keine bitteren Tränen vergossen. Sie erschien auch just nach dem Tod ihres Gatten in Aigai und scheute sich nicht, dem Mörder, der auf der Flucht ergriffen und getötet worden war, einen Grabhügel zu errichten und ihm öffentlich ein Totenopfer darzubringen. In der Tat, eine bemerkenswerte Frau.

Alexander aber ließ sich sofort vom Heer, wie es traditionell üblich war, als neuer König der Makedonen ausrufen. Der jugendliche Herrscher stand nach der Ermordung seines königlichen Vaters vor einer zweifachen Aufgabe. Einerseits musste er seine Stellung als Nachfolger Philipps sichern. Andererseits musste er zugleich versuchen, die Vormachtstellung Makedoniens über Griechenland zu behaupten. Wie rasch und kühn er diese Ziele erreichte, zeigte, dass Alexander schon als 20-jähriger all die Fähigkeiten besaß, wie er sie dann bei seinen späteren Unternehmungen an den Tag legte.

Seinen Vater ließ Alexander mit allen Ehren bestatten. Er versprach in seinem Sinn zu regieren und verkündete Steuerfreiheit für alle Makedonen. Danach ging er daran, mögliche Rivalen mit schonungsloser Brutalität zu beseitigen, allen voran Attalos, seinen gefährlichsten Widersacher, den Onkel von Kleopatra, der letzten Gemahlin Philipps. Wir erinnern uns: Attalos hatte Alexander seinerzeit durch seine beleidigende Äußerung zur Thronfolgerfrage herausgefordert. Nach dem Streit war er von Philipp mit Truppen nach Kleinasien vorausgeschickt worden.

Seine Beliebtheit beim Heer hielt Alexander davon ab, ein förmliches Gerichtsverfahren gegen Attalos zu eröffnen. Der junge König schickte daher einen Meuchelmörder nach Kleinasien, ließ seinen Feind umbringen und mit ihm auch gleich alle seine Verwandten. Nicht einmal Philipps Witwe Kleopatra und ihr Kind Europa überlebten. Sie fielen der Rache Olympias zum Opfer, die in Alexanders Abwesenheit zuerst das Kind auf dem Schoße der Mutter ermorden ließ und dann Kleopatra zum Selbstmord zwang. Hier machte sich zum ersten Mal das über Leichen gehende Sicherheitsbedürfnis Alexanders bemerkbar, das von den Hassgefühlen Olympias noch verstärkt wurde. Diese unheilvolle Kombination sollte sich später in ähnlichen Situationen noch des öfteren wiederholen.

Die Eroberung Thessaliens

Alexander brach als nächstes gegen Thessalien auf. Er zog an der Meeresküste entlang den Pässen des Peneus zu. Aber den Hauptpass namens Tempe und auch den Seitenpass Kallipeuke zur thessalischen Ebene hin fand er von Truppen der Thessalier besetzt. Es war ihm unmöglich, sie aus ihren Stellungen zu vertreiben, jede Verzögerung aber war seiner Einschätzung nach gefährlich. Alexander schuf sich daher kurzerhand einen anderen Weg.

Südwärts vom Hauptpass Tempe erheben sich die Felsmassen des Berges Ossa. Dieser hat einige weniger steile Stellen. Hierhin führte der junge König sein Heer. Er ließ, wo es nötig war, Stufen in das Gestein hauen und erreichte auf diese Weise, von Fels zu Fels kletternd, mit seinem Heer die Ebene im Rücken der Thessalier.

Diese sahen die Aussichtslosigkeit des Kampfes und kapitulierten umgehend. Alexander war so ohne einen Schwertstreich Herr über ein Land geworden, das gewonnen wollte, aber nicht gewaltsam unterwerfen wollte, weil er sich für den Perserkrieg die Dienste der berühmten thessalischen Reiter sichern wollte.

Er verlangte daher von den Thessaliern nichts, was sie nicht auch seinem Vater gegeben hätten: ein großes Aufgebot der Ritterschaft für sein Heer und die Abführung von Hafen- und Marktzöllen. Er versprach im Gegenzug den einzelnen Familien des Landes ihre Rechte und Freiheiten zu lassen und sie zu schützen. In den Perserkriegen sollten ihre Ritter zudem den vollen Anteil an der Kriegsbeute erhalten. Die Landschaft Phthiotis, die Heimat ihres gemeinsamen Ahnherrn Achilles, wurde darüber hinaus durch Steuerfreiheit geehrt. Die Thessalier beeilten sich, die so günstigen und ehrenvollen Bedingungen anzunehmen.

Die schnelle Einnahme und Befriedung Thessaliens hatte den übrigen griechischen Staaten nicht die Zeit gelassen, sich ausreichend gegen Alexanders Ansturm zu rüsten und die wichtigen Pässe des Ötagebirges zu besetzen. Andererseits wollte sich Alexander nicht in Scharmützeln in Griechenland verzetteln, zudem brauchte er die Unterstützung der griechischen Stämme für seine Pläne gegen die Perser. Die Griechen wiederum fürchteten die Stärke des makedonischen Heeres und so beeilten sie sich, seine Vorherrschaft über das Land der Hellenen anzuerkennen – vermutlich mit hinter dem Rücken geballter Faust.

Nur das trotzige Sparta, obwohl längst geschwächt, wagte es, dem König zu widerstehen. Alexander nahm das in Kauf. Auch die wankelmütigen Athener, aufgehetzt durch den

Demagogen Demosthenes, organisierten Widerstand gegen den Sohn Philipps. Als aber in Athen bekannt wurde, dass der zürnende Alexander nur noch zwei Tagesmärsche von der Stadt entfernt stand, brach Panik aus. Es wurde beschlossen, in aller Eile die Mauern in Verteidigungsstand zu setzen, alles bewegliche Gut vom Lande in die Stadt zu transportieren. Zugleich wurde auf Antrag des Demosthenes bestimmt, dem Makedonen Gesandte entgegen zu schicken, die den Zorn des jungen Königs besänftigen und um Verzeihung für die Aufsässigkeit der Bürgerschaft bitten sollten.

Demosthenes, der unter der Gesandtschaft war, kehrte heimlich aus Furcht vor Alexanders Rache um. Dabei wäre das gar nicht nötig gewesen, denn Alexander empfing die Athener huldvoll, verzieh des Geschehene und verlangte nur, dass Athen Bevollmächtigte nach Korinth senden sollte, um dort den Frieden und das frisch geschlossene Bündnis mit ihm zu beschwören. Ein kluger politischer Schachzug, denn eine Strafaktion gegen Athen hätte ganz Hellas in Flammen setzen können.

Das Treffen mit Diogenes

Alexander selbst zog ebenfalls nach Korinth und berief dort eine Versammlung von Abgeordneten aller Staaten des Peloponnes ein, um sich vom Bundestag der Griechen ausdrücklich die Hegemonie gegen Persien übertragen zu lassen. Nur Sparta blieb diesem Treffen fern. Es sei nicht Sitte bei den Spartanern, anderen zu folgen, sondern selbst zu führen, ließen sie dem König ausrichten. Alexander hätte sie mit Leichtigkeit zwingen können, doch es war ihm nicht der Mühe wert. Er wollte an der Spitze der Griechen Asien erobern und die Schändung der hellenischen Heiligtümer durch die Perser rächen, keine Kleinkriege im Land der

Hellenen führen. In diesem Sinne wurde der Bundesvertrag abgefasst und beschworen.

Alexander hatte erreicht, was er wollte: Die griechischen Staaten bis auf Sparta standen hinter ihm. Theben betrauerte den Untergang seiner Freiheit, in Athen war die Stimmung der leicht zu beeinflussenden Menge abhängig von dem Demagogen, dessen Partei gerade die Oberhand hatte. Und Sparta war schon lange hinter der Geschichte und der Bildung der Zeit zurückgeblieben. Denn soviel war klar: Der bessere Teil des griechischen Volkes war für die kühnen Pläne des jugendlichen Helden eingenommen.

Die Tage, die Alexander in Korinth zubrachte, schienen den deutlichsten Beweis dafür zu liefern. Aus allen Landesteilen waren Künstler, Philosophen, Gebildete jeden Alters und Standes eingetroffen, um den königlichen Jüngling zu sehen und zu bewundern. Sie drängten sich in seine Nähe, suchten seinen Blick und waren schon glücklich, wenn sie auch nur ein Wort von ihm erhaschten.

Nur ein Sonderling, Diogenes aus Sinope, kümmerte sich nicht um den König und blieb seelenruhig in seiner Tonne an einem Zypressenhain. Also ging Alexander, neugierig geworden, zu ihm. Er fand ihn vor seiner Tonne liegend und sich sonnend. Der König begrüßte Diogenes und fragte ihn herablassend, ob er nicht irgendeinen Wunsch habe. „Geh mir ein wenig aus der Sonne“, war des Philosophen Antwort. Voll Bewunderung wandte sich Alexander an sein Gefolge. „Beim Zeus“, rief er aus, „wenn ich nicht Alexander wäre, möchte ich Diogenes sein.“ Seine Einsicht formulierte er in etwa so: Wer nicht die Kraft in sich fühlt, alles erreichen zu können, dem bleibt als Alternative, alles entbehren zu können. Das eine ist königlich, das andere weise, so Alexander.

Die Vernichtung Thebens

Einfälle der Barbaren an der Nordgrenze Makedoniens zwangen Alexander in seine Heimat zurück. Es waren thrakische und illyrische Völkerschaften, die sich gegen ihn empörten. Sie sahen eine günstige Gelegenheit, endlich die Vorherrschaft Makedoniens zu brechen. Doch Alexander reagierte, bevor sich die Balkanvölker formieren konnten. Mit überraschenden Angriffen bis an die Donau warf er die Aufrührer zurück.

Als das Gerücht aufkam, Alexander sei bei Kämpfen mit den Nordvölkern an der Nordgrenze Makedoniens gefallen, bildete sich sogleich eine Unabhängigkeitsbewegung in Griechenland. Etliche Hellenen witterten sofort die Chance, sich mit dem Tod des jungen Königs nun doch noch der makedonischen Vorherrschaft entziehen zu können. Am heftigsten gebärdeten sich die Thebaner. Hier wurde der Aufstand gegen Alexander sogar ganz offiziell vom Volk beschlossen und die makedonische Besatzung wurde angegriffen und eingekesselt. Doch Alexander kam allen Plänen seiner Gegner durch schnelles, entschlossenes Handeln zuvor.

Unser Zeitzeuge erinnert sich an diese halsbrecherische und gewaltsame Aktion: *„In Eilmärschen rückten wir nach Theben vor. Die Einwohner der rebellischen Stadt waren bei unserem Anblick bestürzt, glaubten sie doch, unser geliebter König Alexander sei von den Illyrern erschlagen worden. Mit 20.000 Mann und 3.000 Reitern bezogen wir vor der Stadtmauer Lager. Der König in seinem Großmut bot den Thebanern Milde und Verzeihung an, doch die Verblendeten zeigten keine Einsicht, obwohl ihnen die Götter unheilvolle Signale zukommen ließen.*

Am zweiten Tag nach unserer Ankunft rückten wir schließlich ans südöstliche Tor vor, jenes, das nach Athen hinführt. Noch einmal versuchte es König Alexander mit Güte und ließ die Thebaner auffordern, ihre Waffen niederzulegen. Doch das verblendete Volk wollte absolut nicht auf unseren König hören. Noch immer zögerte Alexander. Aber da schlug General Perdikkas plötzlich mit seinem Heer los, weil er von den Thebanern unablässig gereizt wurde. Ihm folgte General Amyntas mit seinen Mannen. Das sah der König und fürchtete um sie. Deshalb ließ er eilig die Bogenschützen und agrianischen Jäger in die Umwallung eindringen und seine Leibschar und andere Soldaten ausrücken, um Perdikkas und Amyntas zu Hilfe zu eilen.

Als die Thebaner mit großem Geschrei auf uns losstürmten, setzte sich auf Befehl des Königs unsere unbesiegbare Phalanx in Bewegung und drang erfolgreich in die Stadt ein. Nun versuchten sich die Thebaner nach Gutdünken zu retten. Aber es gab kein Entkommen. Aus den Häusern und Tempeln erklang das Wehklagen der Weiber und Kinder, aber niemand wurde geschont. Ihr Blut besudelte sogar die Altäre der Götter. Erst das Dunkel der Nacht machte dem Plündern und Morden ein Ende. Von den Thebanern fielen an die 6.000, von den Unseren nur etwa 500. Die Stadt wurde dem Erdboden gleich gemacht, alle Thebaner, es waren an die 30.000, wurden mit Weib und Kind in die Sklaverei verkauft.“

Das Schicksal Thebens war in der Tat erschütternd. Kaum ein Menschenalter zuvor hatte es noch die Vorherrschaft in Hellas inne gehabt, jetzt war es von der Erde verschwunden. Die Griechen weinten um die Stadt und wussten jetzt, dass Alexander seinem Vater an Energie, Machtwillen und kriegerischer Tüchtigkeit in keiner Weise nachstand.

Der Beginn des Perserkrieges

Der Perserfeldzug, den Alexander im Frühjahr 334 vor Christus begann, war, wie schon sein Vater geplant hatte, offiziell ein von allen Hellenen gemeinsam beschlossener und durchgeführter Rachekrieg. Faktisch aber handelte es sich um ein Unternehmen Alexanders, an dem die Hellenen nur nebenbei beteiligt waren. Das konnte man schon an der Zusammensetzung der Streitkräfte für diesen Feldzug erkennen. Nur etwa 8.000 Mann kamen aus Hellas, die Alexander auch in den Schlachten, von der thessalischen Reiterei einmal abgesehen, nie richtig einsetzte. Er war wohl von ihrer Zuverlässigkeit nicht restlos überzeugt. Das Gros des etwa 50.000 Mann starken Heeres stellten die makedonischen Bauernkrieger zu Fuß und der Adel, der beritten ins Feld rückte.

An dieser Stelle muss über die Eigenheiten des makedonischen Heeres gesprochen werden, das damals als schier unüberwindlich galt. Da wären zunächst einmal die Phalanxen, die den Kern des Alexanderheeres bildeten und in den Schlachten eine entscheidende Rolle spielten. Es handelte sich dabei um eine Schlachtreihe, in der die Soldaten zu Philipps und Alexanders Zeiten zunächst mit acht, später mit sechzehn Mann tief standen. Hauptwaffe der Phalangiten war die Sarisse, eine schwere Stoßlanze, die etwa eine Länge von 5,5 Metern hatte.

Trat die Phalanx zum Angriff an, so senkten die Soldaten der fünf vorderen Glieder ihre Lanzen gegen die Gegner und stachen auf sie ein. Die Wucht der Sarisse schuf meist erfolgreich Verwirrung und Schrecken in den Reihen der Gegner. An der Seite der Phalangiten kämpften die Hypaspisten, Fußsoldaten, die ebenfalls, allerdings leichter als die Phalangiten bewaffnet waren. Eine ganz besondere Bedeutung kam schließlich in der Streitmacht Alexanders der schweren Reiterei der königlichen Hetären zu. Sie war in acht so genannte Ilen gegliedert und rekrutierte sich aus dem Lehnsadel. An der Spitze der Hetären ritt Alexander selbst in den Kampf, um mit dieser glänzend ausgebildeten Reitertruppe möglichst rasch eine Entscheidung herbei zu führen.

Das schwache Persien

Das Riesenreich der Perser war damals sicherlich reif für seinen Fall. Betrachtet man den Zustand des Perserreiches zu dem Zeitpunkt der Thronbesteigung des Königs Dareios III., so lag damals vieles im Argen, befand sich in Unordnung oder Auflösung. Der Grund dafür war nicht nur eine ungeheure Sittenverderbnis am Hofe. Persiens Unglück war vor allem eine Reihe schwacher Regenten, die nicht in der Lage waren, die Zügel der Herrschaft straff anzuziehen. So nahm bei den unterjochten Völkern, denen vom Großkönig als Statthalter seiner Macht so genannte Satrapen aufgezwungen waren, der Wunsch nach Selbstständigkeit ständig zu. Immer mehr Völker besannen sich auf ihre eigene Religion, ihre eigenen Gesetze und Sitten. Und in vielen Gegenden herrschten sogar wieder ihre einheimischen Fürsten.

Das Reich des Dareios erstreckte sich damals vom Indus bis zum Hellenischen Meer, vom Jaxartes bis zur Libyschen Wüste. Seine Herrschaft, oder vielmehr die seiner Satrapen, war so gar nicht nach dem Charakter der verschiedenen Völker, über die sie herrschten. Es herrschten reine Willkür und stete Erpressungen. Nur die Völker des Iran, von Turan und Ariana waren ausschließlich kriegerisch und mit jeder Art von Herrschaft glücklich, so lange sie unter ihr Krieg führen und durch Plünderung reich werden konnten. Hyrkanische, baktrische, sogdianische Reiter bildeten so in den meisten Provinzen die stehenden Satrapenheere der Perser. Aber besondere Anhänglichkeit für das persische Königtum war bei ihnen keineswegs zu finden.

In der 100 Jahre andauernden Untätigkeit nach den Kriegszügen des großen Xerxes hatten die Griechen zudem ihre Kriegskunst weiter entwickelt, der die Asiaten nichts entgegen zu setzen hatten. Der persische König Ochos musste sich schon griechischer Söldner bedienen, um seine Macht zu behaupten, als er den Aufstand der Ägypter niederwarf.

„Als Alexander Asien erblickte, wurde er von einer unglaublichen Begeisterung ergriffen.“ Mit diesen Worten leitet ein antiker Autor seine Darstellung der Ereignisse ein und weist damit auf das euphorische Wesen Alexanders hin, das gerade beim Beginn des Feldzugs in Kleinasien deutlich hervortritt. Mehrere emotionale und symbolische Akte kennzeichneten dabei Alexanders Verhalten. Während sich das Heer daran machte, den Hellespont von Sestos zu überqueren, um zum gegenüberliegenden Abydos zu gelangen, wo sich ein makedonischer Stützpunkt befand, brachte Alexander in der Mitte der Meerenge dem Poseidon ein Stier- und Trankopfer aus goldener Schale dar.

Bereits vom Schiff aus warf er seinen Speer in den asiatischen Boden. Damit war der Besitzanspruch auf das „speergewonnene Land“ zum Ausdruck gebracht. Danach sprang Alexander in einem symbolkräftigen Akt als Erster an Land. Es folgten weitere Opfer und die Errichtung von Altären für Zeus, Athena und Herakles zum Dank für die glückliche Landung. Die erste Unternehmung Alexanders war ein Besuch Ilions, der Stätte des alten Troja. Die Stadt Ilion wurde für frei erklärt, der persische Tribut für erledigt. Daraufhin bekränzte Alexander das Grabmal des Achilleus, brachte im Tempel der Athena seine Rüstung als Weihgeschenk dar und nahm dafür alte, geweihte Waffen entgegen, die angeblich noch aus dem Trojanischen Krieg stammten. Sie sollten ihm vor dem Beginn einer Schlacht voran getragen werden, darunter auch ein heiliger Schild, der ihm in der Tat später einmal das Leben rettete.

Die kultischen Akte der Opfer und Weihungen wurden von Alexander sehr ernst genommen, und nie ließ er eine Weihung oder ein Opfer aus, wenn sie erforderlich erschienen. Andererseits wandte sich der König aber auch immer wieder ganz schnell den realen Aufgaben zu, die vor ihm lagen. Nach der Rückkehr von Troja wurde von ihm sogleich eine Musterung des Heeres abgehalten, das inzwischen ein Lager bezogen hatte.

Die Schlacht am Granikos

Fragt sich, warum die Perser den Übergang Alexanders über den Hellespont nicht zu verhindern suchten. Sie wurden von den Plänen des jungen Königs ja nicht überrascht, ihnen war die makedonischen Aufrüstung für den Feldzug seit langem bekannt. Vermutlich waren die Perser entweder nicht imstande eine Flotte aufzubieten oder hatten gar nicht die Absicht, die Landung zu verhindern.

Es war im Perserreich durchaus üblich, dass Grenzüberfälle von den Satrapen der betroffenen Gebiete in Eigenregie abgewehrt wurden, ohne dass der König selbst mit seinem Heer eingriff. Die Abwehrtaktik der Satrapen, den Feind zunächst eindringen zu lassen, um ihn dann mit überlegenen Kräften zurückzuschlagen, war bisher stets erfolgreich gewesen. Gegenüber Alexander verhielt sich die persische Zentralregierung nicht anders. Der persische Großkönig Dareios III. hatte zwar erkannt, dass ein neuer, stärkerer Angriff bevorstand, doch überließ er traditionell die Führung des Abwehrkriegs den Satrapen Kleinasiens. Der Großkönig schien die Gefahr, die von Alexander und seinen Truppen ausging, gewaltig unterschätzt zu haben und verblieb zunächst im fernen Susa.

Die Satrapen des hellespontischen Phrygien, von Lydien, Großphrygien, Kappadokien, Kilikien hatten ihre Truppen bei Zeleia südlich der Propontis zusammengezogen. Sie zogen es zunächst einmal vor, mit der ihnen zur Verfügung stehenden Streitmacht von etwa 20.000 Reitern und ebenso vielen griechischen Söldnern ein Stück landeinwärts in einer ihnen günstig scheinenden Stellung auf Alexander zu warten. Sie beschlossen, an der rechten Uferböschung des Flusses Granikos, der westlich von Zeleia nach Norden ins Marmara-Meer fließt, Stellung zu beziehen.

Und wieder lassen wir unseren Zeitzeugen aus Alexanders Heer zu Wort kommen: *„Nachdem König Alexander Achilleus geopfert hatte, standen wir den Persern und ihren griechischen Söldlingen am Granikos gegenüber. Die feindlichen Reiter postierten sich jenseits des Flusses in Schlachtordnung längs dem steilen und lehmigen Ufer. General Parmenion wagte es, unseren König vor einem übereilten Angriff zu warnen. Aber der König in seinem jugendlichen Ungestüm erwiderte, er würde sich schämen, den Hellespont zu überschreiten und sich dann durch dieses kleine Wasser abhalten zu lassen. Dann rief uns der König zu, wir sollten ihm folgen und wie Männer kämpfen, sprengte mit seiner Reiterei durch den wild strömenden Fluss und warf sich auf die linke Flanke der gottlosen Perser.*

Der Feind widersetzte sich mit aller Macht, schleuderte Wurflanzen auf uns herab, der schlüpfrige Lehm forderte uns die größte Mühe ab, aber wir folgten unserem König. Wir sahen seinen weißen Helmbusch im dichtesten Getümmel und bekamen es mit der Angst um unseren geliebten Herrscher zu tun. Das verlieh uns doppelt Kraft, und mit wilder Energie stürmten wir vor, nicht achtend der Wurfgeschosse und Krummsäbel. Es brach des Königs Speer, es brach ein zweiter und er kämpfte mit dem Stumpf und schuf sich freie Bahn. Ein Wurfspieß des Barbaren Mithridates verwundete Alexander an der Schulter, doch der König streckte den persischen Fürsten mit einem Hieb tot zu Boden. Da jagte des Gefallenen Bruder, Rhoesakes, auf Alexander los und zerschmetterte dessen Helm, so dass der Säbel noch die Stirnhaut ritzte. Der junge König bohrte ihm daraufhin den Speer durch den Harnisch bis tief in die Brust, und Rhoesakes stürzte rücklings vom Pferde. Zugleich war ein barbarischer Fürst an Alexander herangesprengt, schon hatte er zum tödlichen Schlage über des Königs Nacken seinen Säbel erhoben, da kam ihm Klitus zuvor. Mit einem Hiebe trennte er des Barbaren Arm vom Rumpfe und gab ihm den Todesstoß.

Da wandten sich die Perser entsetzt zur Flucht. Zu stark, zu mächtig war unser junger Held über sie gekommen. Tausende der wilden Barbaren lagen erschlagen auf dem Felde. Die griechischen Verräter aber, vom Gold der Perser gekauft, es mögen an die 2.000 gewesen sein, die die Götter verschonten, wurden gefesselt in unsere Bergwerke geschickt, um bei harter Fron zu büßen. 300 persische Rüstungen aber sandte unser König als Zeichen seines Triumphes nach Athen, was dort heftigen Jubel auslöste.“

Der Gordische Knoten

Der Sieg in der Schlacht hatte weit reichende Folgen. Es hatte sich erwiesen, dass die an sich zahlenmäßig überlegene persische Reiterei dem Elan Alexanders und seiner Makedonen nicht gewachsen war. Und nachdem das Hauptaufgebot der kleinasiatischen Satrapen geschlagen war, musste jetzt der Perserkönig selbst ein Heer sammeln, um dem Angriff Alexanders entgegenzutreten.

In Kleinasien war keine zweite Verteidigungslinie vorbereitet worden. Alexander konnte daher ungehindert vorrücken und dabei sogleich mit der politischen und verwaltungsmäßigen Neuordnung des gewonnenen Landes beginnen. Das Heer wandte sich nach Südwesten, um die Griechenstädte an der Küste zu befreien. In Milet kam es dabei zum ersten Mal nach der Schlacht am Granikos wieder zum Kampf. Der persische Kommandant verweigerte die Übergabe, da eine starke Flotte der Perser erwartet wurde, die aus 400 Schiffen, vor allem aus Phönizien, bestand.

Doch die Schiffe kamen zu spät. Alexanders Bundesflotte war bereits vor der vorgelagerten Insel Lade vor Anker gegangen und hatte dadurch die Stadt von der Seeseite her abgeriegelt. Mit Belagerungsmaschinen wurden die Mauern sturmreif geschossen und die Stadt innerhalb kurzer Zeit erobert. Hier ließ Alexwender Milde walten. Milet erhielt die gleichen Freiheitsrechte wie die anderen befreiten Städte. Auch mit den griechischen Söldnern, die sich ergeben hatten, verfuhr Alexander anders als am Granikos: Er übernahm sie in sein Heer.

Der König bog nach Norden ab und marschierte mit seinem Heer auf Gordion zu, um in dieser alten phrygischen Stadt einen Teil des Winters 334/33 zu verbringen. Hier wollte er natürlich den auf der Burg aufgestellten Wagen des sagenhaften Königs Gordios sehen. Ein altes Orakel versprach demjenigen die Herrschaft über Asien, der es schaffte, den

Knoten zu lösen, der das Joch mit dem Wagen verband. Nach einigen fruchtlosen Versuchen zog Alexander kurz entschlossen sein Schwert aus der Scheide und durchschlug den Knoten mit einem Hieb. Das Heer jubelte, als diese Nachricht die Runde machte. Die Götter waren zweifelsfrei auf der Seite ihres jugendlichen Helden.

Während der Weitermarsch des makedonischen Heeres von Gordion über Ankara nach Kappadokien und von dort zu den Pässen des Taurosgebirges glatt vonstatten ging, sah sich Alexander in Kilikien südlich des Tauros zu einem längeren Aufenthalt gezwungen. Einige der ansässigen Stämme leisteten wilden, nur schwer zu brechenden Widerstand. Zu allem Unglück befiel den König in Tarsos ein heftiges Fieber, das ihn für Wochen an sein Lager fesselte. Verbürgt ist die Geschichte, nach der Alexander eine von seinem Arzt Philippos gemischte Arznei ohne Furcht zu sich nahm und zugleich dem Arzt einen Brief reichte, in dem der König vor dem angeblichen Gifttrunk gewarnt wurde. Philippos, so besagte der Brief, solle vom Perserkönig bestochen worden sein.

Die Schlacht bei Issos

Dareios hatte mittlerweile ein gewaltiges Heer aufgestellt und war nun bereit, Alexander persönlich zum Kampf um sein Reich entgegenzutreten. Eine weite Ebene im nördlichen Syrien schien für die Massen des Heeres und vor allem für die starke Reiterei, die nur in einem freien und offenen Gelände ihre Überlegenheit zur Geltung bringen konnte, als Kampfplatz besonders geeignet. Hier wollte Dareios die Schlacht wagen.

Als sich dann allerdings Alexanders Weitermarsch von Kilikien nach Syrien infolge seiner Krankheit verzögerte und der Winter immer näher rückte, entschloss sich Dareios, nicht mehr länger zu warten, sondern dem Feind entgegen zu ziehen. Weit nördlich ausholend, überschritt er die Pässe des Amanos-Gebirges und steuerte von hier aus die Küstenstadt Issos an. Alexander aber war mittlerweile, ohne Kenntnis des Vormarsches seines Gegners, von Kilikien her über Issos längs der nordsyrischen Küste südwärts gezogen. Bei Myriandros, das wohl in der Gegend des heutigen Alexandrette gelegen war, erreichte ihn die Nachricht, dass Dareios mit dessen ganzem Heer in seinem Rücken stand. Der junge König erkannte sofort die sich ihm bietende große Chance. Er wusste, dass die schmale Strandebene bei Issos eine volle Entfaltung der feindlichen Massen nicht gestattete und ließ das Heer unverzüglich nach Norden in Richtung auf Issos zurück marschieren. So kam es im Spätherbst 333 vor Christus zum ersten großen Kampf, in dem sich die beiden Könige persönlich gegenüber standen.

Der Bericht unseres tapferen Zeitzeugen in Alexanders Heer über die berühmte Schlacht liest sich so: *„Als der König auf seinem Schimmel an uns vorüber ritt, jauchzten wir vor Freude und forderten stürmisch, uns endlich auf die Barbaren stürzen zu dürfen. Schließlich trennte uns vom Feind nur noch eine Pfeilschussweite. Wir begannen unseren Schlachtgesang und stürmten König Alexander nach, der sich an der Spitze der Ritter und Hypaspisten in den Fluss Pinarus warf, ohne dass ihm und den Seinen der Hagel der barbarischen Pfeile, der die Sonne verdunkelte, etwas hätte anhaben können.*

Wir berannten mit solcher Gewalt das Zentrum der Feinde, dass die Barbaren schnell zu wanken begannen und zurück wichen. Schon erblickte Alexander des Perserkönigs goldenen Schlachtwagen und drang auf diesen los. Unser

König wurde am Schenkel verwundet, doch er achtete den Schmerz nicht. Da wandte Dareios, ängstlich wie ein Hase auf dem Feld, seinen Wagen zur Flucht. Ihm folgten die nächsten Reihen.

Aber während unser Held dem Barbarenkönig folgte, um ihn zum mannhaften Zweikampf zu zwingen, stürzten sich griechische Söldner und asiatische Reiterei in die so entstandene Lücke und wir wurden auf das allerheftigste bedrängt. Der Sieg, der schon unser schien, war plötzlich in Gefahr. Doch das Geschrei der Fliehenden um den Barbarenkönig riss Schar auf Schar mit sich. Die persischen Reiter jagten flüchtend durch die Ebene, den rettenden Bergen zu. Wir stimmten jubelndes Siegesgeschrei an. Es war ein glorreicher Tag in Issos, an dem wir die Barbaren und ihren König blutig aufs Haupt schlugen.“

Die Folgen der Schlacht bei Issos waren noch bedeutender als die der Schlacht am Granikos. Der Sieg über den Perserkönig selbst wurden im Osten wie im Westen als Bestätigung der bisherigen Eroberungen Alexanders angesehen. Das Orakel von Gordion mit seiner Verheißung der Herrschaft über Asien hatte sich offenkundig erfüllt. Die westlichen Satrapien des Perserreiches sowie Syrien, Phönikien und Ägypten, waren plötzlich ohne Schutz. Da Alexander zudem den reichen Kriegsschatz der Perser erbeutet hatte, Tonnen von Münzgeld, kannte es fortan keinerlei finanzielle Schwierigkeiten mehr. Die Pracht der erbeuteten Reichtümer bis zu den goldenen Pferdekandaren schien den schlichten Makedonen schier unvorstellbar.

Von noch größerer Bedeutung war die Gefangennahme der Königsmutter Sisygambis, die gemeinsam mit der Gemahlin des Dareios, Stateira, und ihren Kindern in die

Hände des Siegers fiel. Alexander behandelte die Gefangenen überaus großmütig: Ihr Hofstaat wurde ihnen gelassen und sie wurden voller Respekt behandelt. Nur eine Bedingung stellte der Herrscher: Die Königsfamilie musste die griechische Sprache erlernen. Dareios erreichte mit 4.000 Mann den Euphrat, von wo er alsbald ein Schreiben an Alexander überbringen ließ, in dem er den Abschluss eines Freundschaftsvertrags vorschlug und um die Freilassung seiner Familie bat. Alexander antwortet ihm, er solle kommen und ihn als „König von Asien" anerkennen, dann werde seine Bitte erfüllt. Andernfalls solle er sich aufs Neue zum Kampf stellen.

Die Belagerung von Tyros

Statt gleich gegen den Euphrat zu ziehen, wandte sich Alexander nach Süden, um die Küstenstädte der Phönizier zu unterwerfen, die den Hauptteil der persischen Flotte gestellt hatten. Die phönizischen Städte Arados, Marathos, Byblos und Sidon ergaben sich kampflos. Die bedeutendste Stadt der Phönizier, die starke Inselfestung Tyros, erklärte sich jedoch als neutral. Es wurde Alexander verweigert, die Stadt zu betreten. Da der König aber Tyros auf dem Weg nach Ägypten nicht unbezwungen im Rücken lassen wollte und ihn Widerstand ohnehin nur reizte, begann er mit deren Belagerung. Sie sollte ganze sieben Monate dauern.

Die Einnahme der Stadt gehört zu den größten militärischen Leistungen Alexanders und ging in die Geschichte ein. Ein Damm aus Steinen und Pfählen aus Zedernholz, der vom Festland gegen die 800 Meter entfernte Inselstadt vorgetrieben wurde, dazu einige fest verankerte Frachtschiffe, gaben Alexander Heer die Möglichkeit, ihre Katapulte in Stellung zu bringen und die Stadt sturmreif zu schießen.

Die Rache der Makedonen für den hinhaltenden Widerstand der Bürger von Tyros war furchtbar. Alle jungen Männer wurden gekreuzigt, die übrige Bevölkerung in die Sklaverei verkauft. Die Neigung Alexanders zu äußerster Härte und Grausamkeit, wie sie schon nach seinem Regierungsantritt und bei der Zerstörung Thebens zu beobachten war, zeigte sich nun auch hier. Nur der Stadtkönig Azemilkos und zufällig anwesende karthagische Gesandte wurden begnadigt.

Während der Belagerung von Tyros traf ein zweites Schreiben des Dareios an Alexander ein, das neue, weitergehende Verhandlungsvorschläge enthielt. Der Perserkönig bot darin die Abtretung aller Länder westlich des Euphrat an, die Anerkennung Alexanders als eines gleichrangigen Großkönigs, seine Vermählung mit der Tochter des Dareios und dazu ein Lösegeld von 10.000 Talenten – eine damals schier unvorstellbare Summe – für die Freilassung der Königsfamilie. Dareios erhielt als Antwort nur den hochmütigen Bescheid, Alexander könne sich, was er wolle, jederzeit selber nehmen. Wenn Dareios seinen Großmut erbitte, so solle er persönlich vor Alexander erscheinen.

Die Gründung Alexandrias

Nach der Einnahme von Tyros setzte Alexander den Marsch südwärts in Richtung auf Ägypten fort, um das Land der Pharaonen zu annektieren, ehe er zum Stoß in die Kerngebiete des persischen Reiches ansetzen wollte. Palästina fiel Alexander kampflos zu, nur in Gaza galt es, zähen Widerstand zu brechen. Als neuer Pharao zog Alexander schließlich in der ägyptischen Hauptstadt ein, und als solcher opferte er hier den alten einheimischen Göttern.

Die historisch bedeutsamste Tat des neuen Landesherrn war die Gründung der Stadt, die auch heute noch seinen Namen trägt: Alexandria. Für einen Hafen- und Handelsplatz waren die Voraussetzungen im Gebiet westlich der Mündung des kanopischen Nilarmes günstig. Binnen kurzer Zeit stieg die Neugründung zur größten und reichsten Stadt der griechisch-hellenistischen Welt auf.

Danach zog der junge König mit wenigen ausgesuchten Begleitern in die libysche Wüste zur heutigen Oase Shiwa, um das dort angesiedelte, berühmte Orakel des Gottes Ammon nach seiner göttlichen Herkunft zu befragen. Alexander sprach nie darüber, was die Priester des Orakels ihm anvertraut hatten. Aber die Auskunft war offensichtlich positiv. Denn spätestens während des Aufenthaltes in Ägypten muss sich in Alexander die Überzeugung festgesetzt haben, der Sohn des von den Griechen mit ihrem Zeus gleichgesetzten Gottes Ammon zu sein, und zwar in einem ganz physischen, die Vaterschaft Philipps ausschließenden Sinne. In dieser Annahme hatte ihn stets auch seine Mutter Olympias bestärkt. In ihrem Hass auf ihren Gemahl Philipp deutete sie immer wieder an, dass bei der Zeugung ihres Sohnes göttliche Mächte im Spiel gewesen seien.

Aus der libyschen Wüste nach Memphis zurückgekehrt, ordnete Alexander durch eine Reihe von Maßnahmen die künftige Verwaltung des Landes und sicherte seine Macht durch eine starke Besatzung. Zu Beginn des Frühjahres 331 trat er den Rückmarsch nach Asien an. In Tyros machte er einen ersten größeren Halt und opferte den Göttern mit einem großen Fest und Wettspielen. Von Tyros aus erließ er Verfügungen, durch welche alle bisher eroberten asiatischen Gebiete in zwei große Finanzbezirke zusammengefasst wurden. Die Leitung der königlichen Zentralkasse übertrug er seinem Jugendfreund Harpalos. Ein Entschluss, den er später noch bitter bereuen sollte.

Die Entscheidungsschlacht von Gaugamela

Als Alexander von Tyros aufbrach, um nun endlich Dareios zum entscheidenden Kampf zu stellen, waren seit der großen Schlacht in der Strandebene von Issos fast zwei Jahre vergangen. Eine ausreichende Zeit für Dareios, alle noch verfügbaren Kräfte der zahlreichen Länder jenseits des Euphrat zur Rettung von Thron und Reich aufzubieten. Die Truppenmacht, die der Großkönig in der weiten Ebene von Babylon zusammenzog, übertraf das in Issos geschlagene Heer um einiges.

Aus Indien hatte Dareios Elefanten kommen lassen, die zusammen mit Sichelwagen dazu ausersehen waren, die makedonischen Phalanxen zu durchbrechen. Er hatte sich mit den tapferen Reitervölkern der massagetischen Skythen verstärkt, mit ausgesuchten Baktrianern, kampferprobten Daern und Sogdianern. Mit todesmutigen Arachosiern und Bogenschützen aus dem Stamm der Susier und Kadusier. Ihnen zur Seite standen griechische Söldner, die die Makedonen abgrundtief hassten. Im Zentrum der Verteidigung aber standen die Uxier, die Babylonier, die Küstenvölker des Erythräischen Meeres und die Sitakener. Es war eine Streitmacht, wie sie die Welt noch nie gesehen hatte. Weit über 100.000 Mann stark, dem Heere Alexanders an Zahl weit überlegen, an Kampfkraft gleichwertig.

Auch den Ort, wo die Schlacht nach dem Willen des Großkönigs stattfinden sollte, wählte Dareios diesmal mit Sorgfalt aus. Eine Ebene bei Gaugamela, östlich des Tigris, schien ihm in jeder Hinsicht günstig zu sein. Er gab sogar den Befehl, geringe Bodenerhebungen abzutragen.

Von Tyros aus hatte Alexander, weit nach Norden ausholend und ohne große Eile, den Marsch in Richtung auf das obere Zweistromland fortgesetzt. Die Überquerung des Euphrat bei Thapsakos war ohne Schwierigkeit gelungen, ebenso die des Tigris, dessen Übergänge Dareios gemäß seinem Schlachtplan mit Absicht nicht hatte verteidigen lassen. Bei Gaugamela standen sich Anfang Oktober des Jahres 331 die Heere kampfbereit zu dem Waffengang gegenüber, der nach Lage der Dinge die Entscheidung im Krieg bringen musste.

Wir lassen wieder unseren Zeitzeugen erzählen: „*Welch herrlicher Anblick, als unser junger König die Front majestätisch abritt und auf dem äußersten linken Flügel, bei den thessalischen Reitern angekommen, sein Angesicht den Göttern entgegen streckte und sie bat, ihm und den Seinen den Sieg zu schenken. Denn das sei das Zeichen, so rief Alexander, dass er wirklich von Zeus gezeugt sei.*

Und schon sprengte König Alexander ungestüm auf das Zentrum der Feinde los. Uns rasten rasselnd die Sichelwagen der Barbaren entgegen, die aber so gut wie keinen Schaden anrichteten. Wir sprengten zur Seite, ergriffen die Zügel der Pferde, stachen sie nieder, durchtrennten das Riemenzeug und rissen die Lenker aus ihren höllischen Wagen. Dann warfen wir uns im Sturmlauf, der Gefahr nicht achtend, auf die Feinde. Der Kampf war mörderisch. Die Schreie der Sterbenden, das viele Blut, das verzweifelte Trompeten der Elefanten, denen wir die Sehnen durchtrennt hatten, verfolgt mich heute noch im Schlaf.

Die verfluchten Barbaren kämpften mit äußerster Tapferkeit. Die Reiterheere der Wilden kamen über uns wie Mückenschwärme im Sommer. Und wer weiß, wie diese Schlacht ausgegangen wäre, wenn die Götter dem Perserkönig nicht wieder die Furcht ins Herz gesenkt hätten. Als die ungestümen Reiter der Perser durch unsere Lücken stießen und bereits unser rückwärtiges Lager angriffen und plünderten, unseren Tross niederhauten, da ergriff Dareios wie schon in Issos die Flucht.

Das Herannahen unseres tapferen Helden, der sich mit seinem Schwert eine blutige Bresche zu ihm schlug, ließ ihn vor Angst zittern wie das Karnickel vor der Schlange. Nun war beim Feind kein Halten, kein Widerstand mehr. In heilloser Flucht zerstreuten sich die Völker Asiens. Bis zum Einbruch der Dunkelheit verfolgte Alexander den feigen Barbarenkönig, wurde seiner aber nicht habhaft. Aber seine Schätze, sein Wagen, Bogen und Schild: all dies fiel in die Hände unseres makedonischen Helden, dem die Götter, die ihn an diesem Tag als einen derIihren anerkannten, einen wahrhaft glorreichen Sieg schenkten.“

Der Einzug in Babylon

Alexander schätzte den Sieg von Gaugamela so hoch ein, dass er sich nach der Schlacht vom Heer als König von Asien ausrufen ließ. Dieser Titel enthielt den Anspruch auf die Rechtsnachfolge des Dareios. Der junge König betrachtete sich von nun an als rechtmäßigen Beherrscher des Perserreiches. Die Tatsache, dass es ihm wiederum nicht gelungen war, Dareios’ gefangen zu nehmen, beeinträchtigte freilich diesen Anspruch. Der Perser war mit seiner Garde über das kurdische Gebirge ostwärts nach Medien entkommen, erreichte die medische Residenz

Ekbatana und wurde im iranischen Hochland weiterhin als rechtmäßiger König anerkannt.

Ähnlich wie nach der Schlacht bei Issos ließ sich Alexander auch jetzt nicht zu einer weiteren Verfolgung des Dareios hinreißen. Das nächste Ziel des jungen Königs war die Besetzung Mesopotamiens, was ihm den Zugang nach Susa eröffnete, der Hauptresidenz der Perserkönige. Für den Kampf um die Rechtmäßigkeit von Alexanders Herrschaft war der Besitz dieser Gebiete unerlässlich.

Alexander brach daher ohne Zögern von dem seuchengefährdeten Gaugamela auf. Er zog nach Süden durch die Tigrisebene und gelangte ohne Widerstand in die Nähe der sagenumwobenen Stadt Babylon am Euphrat. Hierher war Mazaios, der Satrap Mesopotamiens, nach der Schlacht bei Gaugamela geflohen. Das makedonische Heer wurde vor der Stadt in Kampfbereitschaft aufgestellt. Doch die Vorsichtsmaßnahme erwies sich als unnötig. Mazaios und die babylonischen Würdenträger traten Alexander in aller Demut entgegen und übergaben ihm die Stadt.

Der Einzug Alexanders in Babylon, der Metropole des Orients, war im November 331 ein triumphales Ereignis. Durch das berühmte Ischtartor ging der Zug über die Prozessionsstraße zur Königsburg. Der Zug war in Weihrauchwolken gehüllt, der Gesang der Chaldäer und der Jubel der Massen begleiteten die Griechen auf ihrem Weg vorbei an den hängenden Gärten der Semiramis, einem der sieben Weltwunder der Antike. Es war wohl einer der größten Momente in Alexanders Leben. Erst die Eroberung Babylons hat ihn zum Herrscher des Orients gemacht.

Alexander opferte nach einheimischer Königssitte dem höchsten Gott Babylons, Marduk, und erneuerte damit die Tradition des babylonischen Königtums. Den Perser Mazaios beließ er in seiner Stellung als Satrapen, doch wurde ihm eine makedonische Besatzungstruppe zur Seite gestellt. – Zwei Monate hielt sich Alexander in Babylon auf, und sein Heer soll in keiner anderen Stadt derart der Sittenverderbnis ausgesetzt worden sein wie hier, in der sagenhaften Stadt am Euphrat. Dann zog der makedonische Herrscher weiter.

König Alexander als Brandstifter

Auch die persische Stadt Susa fiel mit ihren großen Schätzen an Gold und Silber Alexander kampflos in die Hände. Sein nächstes Ziel war Persepolis, eine der älteren Königsresidenzen des Reiches und die Hauptstadt des Stammes der Perser. Auch in Persepolis waren riesige Schätze an Gold und Silber aufgehäuft. Alexander fand sie noch vollständig vor, als er die Stadt einnahm, wiederum ohne alle Kampfhandlungen.

Die Beute an Edelmetall soll alles zuvor Eroberte bei weitem übertroffen haben. Es wurden Kamele und andere Lasttiere herbeigeschafft, um diese Reichtümer teils nach Susa zu transportieren, teils zur Verwendung für die Kriegskasse mitzuführen. Auf keinem anderen Gebiet zeigte sich der Gegensatz zwischen dem orientalischen und dem europäischen Denken wohl deutlicher als darin, dass Alexander die gehorteten Schätze der Perserkönige nutzbar machte und als Münzgeld dem wirtschaftlichen Leben zuführte.

Der Triumph Alexanders in Persepolis ist durch eine Tat des Herrschers überschattet, die er später heftig bereute. Der

Brand der Königsburg, die einst Dareios I. errichtet hatte, von ihm selbst gelegt, belastete zeitlebens sein Gewissen. Während einer Siegesfeier, bei der Alexander und seine Freunde wohl ausgiebig gezecht hatten, gab er den Befehl, Brandfackeln in die Königsbauten zu werfen. Die großartigsten Baudenkmäler des alten Orients gingen daraufhin in Flammen auf.

Aber der Brand war wohl keine bloße Affekthandlung, sondern ein gewolltes, sichtbares Zeichen dafür, dass die Macht der Perser gebrochen war. Besonders der griechischen Welt gegenüber wurde damit sichtbar gemacht, dass die Rache für Xerxes, der die Akropolisbauten in Athen durch Brand zerstört hatte, nun vollzogen sei.

Dem Hauptteil des Heeres wurde in Persepolis vier Monate Ruhezeit gegönnt, während Alexander selbst mit einer kleinen Truppe das gebirgige Persis, die Stammlandschaft der Perser, unterwarf. Zum ersten Mal wurde bei diesem beschwerlichen Winterfeldzug über schneebedeckte Berge der Wunsch nach Umkehr laut. Alexander jedoch brachte durch sein Vorbild an persönlichem Einsatz diesen Wunsch rasch zum Verstummen.

Im Mai 330 vor Christus brach Alexander von Persepolis nach Ekbatana, der Hauptstadt Mediens auf. Sie war die letzte Königsresidenz nach Babylon, Susa, Persepolis und Pasargadai, der alten Residenz des persischen Reichsgründers Kyros. Der eigentliche Grund für den Zug nach Ekbatan war jedoch, dass sich Dareios dort nach der Schlacht bei Gugamela zurückgezogen hatte und ein neues Heer zu sammeln versuchte. Es schien also, dass es in Medien zur wahrhaft letzten Entscheidungsschlacht zwischen den beiden Königen kommen würde.

Alexander zog auf der Straße, die von Persepolis in nordwestlicher Richtung nach Ekbatana führte, mehr als 700 Kilometer durch die Landschaft Paraitakene und erreichte in 12 Tagen die Grenze Mediens. Auf die Nachricht hin, dass sich Dareios schon zur Schlacht vorbereitete, trieb Alexander sein Heer unter Zurücklassung des Trosses zu noch größerer Eile an. Als Ekbatana schließlich erreicht wurde, stellte sich jedoch heraus, dass Dareios die Stadt aufgegeben und sich weiter nach Osten zurückgezogen hatte.

Das schnelle Heranrücken Alexanders scheint zu Unstimmigkeiten im Gefolge des Dareios geführt zu haben. Artabazos, der Sohn des Satrapen Pharnabazos in Phrygien, der dem König auch verwandtschaftlich verbunden war, und auch der griechische Söldnerführer Patron setzten sich dafür ein, Alexander im Kampf zu begegnen. Der hohe Würdenträger Nabarzanes und der ebenfalls mit dem König verwandte Bessos, Satrap von Baktrien und Sogdiane drängte darauf, in die östlichen Gebiete auszuweichen. Sie hatten dabei wohl im Sinn, den Krieg im Osten auch selbstständig, ohne Rücksicht auf den erfolglosen Dareios, fortzusetzen. Als sie mit den baktrischen Truppen abrückten, sah sich auch Dareios gezwungen, ihnen mit dem Rest des Heeres zu folgen.

Der Tod des Dareios

Alexander war überrascht, als er ohne auf Widerstand zu stoßen in die letzte persische Residenz Ekbatana einrücken konnte. Er hatte damit gerechnet, Dareios in einer letzten Feldschlacht zu besiegen und seiner Person endlich habhaft werden zu können. Nun war sein Gegner wiederum, wie nach Issos und Gaugamela, entkommen, doch dieses Mal ohne sich dem Kampf zu stellen.

Sein Vorsprung betrug aber nur wenige Tage. Wenn ihm sofort nachgesetzt wurde, konnte er womöglich noch eingeholt werden. In nur elf Tagen durcheilte Alexander daraufhin mit einer ausgesuchten Reitertruppe die 300 Kilometer von Ekbatana bis Rhagai in der Nähe des heutigen Teheran. Als er dort erfuhr, Dareios habe schon die Kaspischen Tore weiter im Osten passiert, schien die weitere Verfolgung aussichtslos. Alexander legte daraufhin eine mehrtägige Rast ein. Doch kaum war die Truppe erholt, trieb der König seine Leute mit Ungeduld weiter und hatte nach zwei Tagen ebenfalls die Kaspischen Tore erreicht.

Da trafen persische Überläufer mit der Nachricht ein, Dareios sei gefangen gesetzt worden. Ohne zu zögern warf sich Alexander auf sein Pferd und sprengte mit einem nunmehr nur noch kleinem Gefolge von etwa 60 Reitern bei Tag und Nacht voraus und erreichte schließlich etwa 350 Kilometer östlich von Rhagai eine persische Wagenkolonne, deren Mannschaften sich ohne Widerstand ergaben. In einem Wagen fand Alexander Dareios ermordet. Der Leichnam war mit goldenen Ketten gefesselt. Schweigend legte der junge König seinen Mantel ab und deckte ihn über den Toten. Es war eine menschliche und eine politische Geste. Alexander ehrte den unglücklichen Gegner und anerkannte ihn als seinen Vorgänger, dessen Tod er rächen würde und dessen rechtmäßige Nachfolge er nun anzutreten habe.

Schon bald wurden die Umstände bekannt, die zum Tod des Großkönigs geführt hatten. Der Konflikt im Gefolge des Dareios hatte sich nach dem Abzug aus Ekbatan weiter verschärft. Nebarzanes und Bessos wollten sich des Königs entledigen. Bei Alexanders Herannahen beabsichtigten Nabarzanes und Bessos zuerst, Dareios an den Makedoner auszuliefern, um dafür Dank zu erhalten.

Doch dann beschlichen sie Zweifel, und sie ließen den Großkönig ermorden.

Dareios, der in kritischen Situationen seiner Kriegsführung versagt hatte, war auch in der letzten Phase seines Lebens kaum mehr Herr seiner selbst gewesen. Von Natur aus arglos und wenig energisch, brachte er auch am Ende nicht mehr die Entschlusskraft auf, sich gegen seine Umgebung durchzusetzen und sich entweder dem Sieger zu ergeben oder neuen Widerstand zu organisieren. Der persische Großkönig, der nach nur fünfjähriger Regierung im Alter von etwa 50 Jahren starb, wäre unter gewöhnlichen Verhältnissen vielleicht ein Herrscher von mittlerer Bedeutung gewesen. Aber als Gegner eines militärischen Genies und einer herausragenden Führernatur mit außergewöhnlichem Charisma erscheint er in der Geschichte lediglich als tragische Figur.

Alexander ließ den Leichnam zur Mutter des Dareios in seine Heimat überführen und mit allen Ehren bei den persischen Königsgräbern in Persepolis beisetzen. Den Bruder des gemeuchelten Persers, Oxyathres, der zu ihm überlief, nahm er in sein persönliches Gefolge auf. Wiederum ein Signal, um seinen Anspruch auf die Nachfolge des Dareios zum Ausdruck zu bringen.

Kurz nach dem Tod des Dareios wurde eine Verschwörung gegen das Leben Alexanders aufgedeckt. Es handelte sich um ein von makedonischen Offizieren angezetteltes Komplott, an dem auch Philotas, der Sohn des in Ekbatana zurückgebliebenen Parmenion, beteiligt war. Als Kommandant der Hetärenreiterei gehörte Philotas zu den Männern der nächsten Umgebung des Königs. Man warf ihm vor, von der Verschwörung zumindest gewusst und es trotzdem unterlassen zu haben, seinen königlichen Herrn zu unterrichten. Eine von Alexander einberufene Heeresversammlung hielt Philotas für schuldig und sprach das Todesurteil gegen ihn aus, das nach makedonischem Recht und Brauch sofort durch Speerwürfe vollstreckt wurde.

Was dann geschah, darf man wohl mit Recht als einen der dunkelsten Punkte im Leben Alexanders bezeichnen. Ohne vorherige Untersuchung, von einem Urteilsspruch des Heeres ganz zu schweigen, ließ der Welteroberer nach der Hinrichtung Philotas unverzüglich Weisung nach Ekbatana gehen, auch den Vater, Parmenion, zu töten. In elf Tagen wurde der Befehl in die ferne medische Hauptstadt gebracht und dort sogleich ausgeführt. Es war das übertriebene Sicherheitsbedürfnis Alexanders, der ihn zum Mörder an einem seiner verdienstvollsten Heerführer werden ließ.

Die Hofhaltung Alexanders

Niemals in der Geschichte des Abendlandes hat es je einen Hofstaat gegeben, der glänzender gewesen wäre als der Alexanders des Großen. Den Kern bildete natürlich das militärische Hauptquartier. Es wird für immer rätselhaft bleiben, wie groß die Zahl talentierter Generäle war, die in des Königs Diensten standen. In Makedonien hat es im Abstand von nur einer Generation zweimal geradezu eine Häufung militärischer Ausnahmetalente gegeben. Alexanders Vater Philipp verfügte schon über ein große Zahl hervorragender militärischer Mitarbeiter. Noch seinem Sohn haben sie vortreffliche Dienste geleistet: Parmenion als Generalstabschef, Antipatros als Statthalter in Makedonien, Kleitos als Führer der Hetärenreiterei. Die jüngere Generalität, mit der Alexander seinen Feldzug führte, war so zahlreich, dass die Aufzählung ihrer Verdienste fast schon eine Geschichte des Alexanderzuges ergäbe.

Die Leistung des jugendlichen Eroberers wäre nicht zu erklären, wenn ihm nicht eine so große Zahl von tüchtigen Mitstreitern zur Verfügung gestanden hätte. Alexander besaß die Souveränität, Verantwortungen unbekümmert zu delegieren. So bekamen diese Männer immer wieder Aufgaben anvertraut, bei denen sie ihr Können beweisen konnten.

Und der König, ein Meister in der Handhabung der Macht, verstand zu belohnen. Es gab beim makedonischen Heer ein in langer Tradition entstandenes System von mit steigenden Ehren verbundenen Rängen. Dieses Systems bediente sich Alexander, um die Eitelkeit seiner ehrgeizigen Generäle zu befriedigen. Er war ein so guter Kenner des militärischen Handwerks, dass es ihm möglich war, die Ehren sogar gerecht zu verteilen.

Und wo das bei gleichen Leistungen Schwierigkeiten machte, half ihm ein Einfall. Hephaistion etwa war sein persönlicher Freund, Krateros sein enger Vertrauter und Berater. Beide hatten bedeutende militärische Meriten, und natürlich waren sie aufeinander eifersüchtig. Eine bei so leidenschaftlichen Naturen immer gefährliche Situation. Alexander löste das Problem, indem er Hephaistion „den Freund Alexanders“, Krateros aber „den Freund des Königs“ nannte. – Doch es waren nicht die Ehren und Reichtümer, die Alexanders Gefolge an ihren König fesselten. Es waren die großen Aufgaben, die sie immer wieder reizten. Hier konnte ein Mann zeigen, was er wert war.

Der zivile Hofstaat Alexanders war nicht weniger prächtig wie das militärische Hauptquartier. Der wichtigste Mann der Verwaltung war Eumenes, ein Grieche aus Kardia. Er war der Vorsteher der königlichen Kanzlei. Er war zugleich Schreiber der Ephemeriden, des Tagebuchs, das über die

Ereignisse des Feldzugs geführt wurde. Leider ist es verloren gegangen. Als Grieche war Eumenes den makedonischen Generälen um so verhasster, je höher er in der Gunst des Königs stieg. Sein gefährlichster Feind war der hochfahrende und zum Jährzorn neigende Hephaistion, der Freund Alexanders. Trotz der Feindschaft mit ihm erwies Eumenes, um seinen König nicht zu kränken, später in Ekbatana dem toten Hephaistion besondere Ehren. Eumenes war eben ein Mann von guten Manieren und untadeligem Charakter.

Zum Hofstaat Alexanders gehörten Philosophen, ein ganzer Stab von Gelehrten, bildende Künstler, Literaten und Poeten. Dieser König mit seiner umfassenden Bildung, seinem hohen künstlerischen Verstand und seiner wissenschaftlichen Neugier vermochte auch Intellektuelle und Künstler zu fesseln.

Der lange Marsch zum Hindukusch

Sobald es im Frühjahr 329 die Witterungsverhältnisse erlaubten, überquerte Alexander mit seinem kompletten Heer den Hindukusch, jenes gewaltige, bis weit über 7000 Meter ansteigende Gebirge, das sich im nördlichen Teil des heutigen Afghanistan in ostwestlicher Richtung hinzieht und von den Griechen als Fortsetzung des Kaukasus oder des Tauros betrachtet wurde. Die Leistung, die er damit vollbrachte, steht in der antiken Kriegsgeschichte fast einzig da, bestenfalls kann Hannibals Alpenüberquerung damit verglichen werden. Schon nach 15 Tagen hatte er, offenbar ohne größere Verluste, das Gebirge überwunden und marschierte nun in Baktrien ein.

Der Usurpator und Königsmörder Bessos wagte es nicht, sich dem Gegner in einer offenen Feldschlacht zu stellen und zog sich unter Verwüstung des Landes nach

Norden zurück. Von dem größten Teil seiner Anhänger und Soldaten verlassen, geriet Bessos aber schon bald in die Hände einer makedonischen Vorausabteilung, die von Ptolemaios, dem späteren ägyptischen Pharao, geführt wurde.

Alexander befahl, den Gefangenen nackt im Halseisen gefesselt neben dem Wege aufzustellen, so dass ihn so die ganze vorbei ziehende Truppe sähe. Und er befragte ihn persönlich, warum er Dareios, seinen Herrn, Verwandten und Wohltäter, festgenommen, gefangen, fortgeschleppt und schließlich ermordet habe. Bessos antwortete, er habe es zusammen mit den übrigen Männern der Umgebung des Dareios in der Hoffnung getan, so Alexanders Gnade gewinnen zu können. Alexander ließ den Gefangenen daraufhin geißeln und durch einen Herold bekannt geben, was der Königsmörder gestanden hatte.

In Zariaspa, der baktrischen Hauptstadt, erhob Alexander später in aller Form Anklage gegen den Mörder seines Vorgängers. Das Urteil lautete auf Verstümmelung und grausame Hinrichtung. Mit abgeschnittenen Ohren und Nase wurde Bessos schließlich nach Ekbatana geführt und dort ans Kreuz geschlagen.

Doch es blieb nicht friedlich im eroberten Land. Ein in seinem Rücken ausbrechender Aufstand verzögerte seine Pläne, weiter nach Osten zu ziehen. Führer des Aufstandes war Spitamenes, ein sogdianischer Adliger, der sich als der fähigste und gefährlichste Gegner der Makedonen in diesen Jahren erweisen sollte. Er war ein Meister des Kleinkrieges, der es fertig brachte, ohne sich auf größere Kämpfe einzulassen, dem Feind durch blitzschnelle Überfälle große Verluste beizubringen.

Es war ein antiker Partisanenkampf, den Spitamenes da führte. Er war dabei so erfolgreich, dass die Verluste, die er Alexanders Heer beibrachte, den in den Schlachten am Graniko, bei Issos und Gaugamela erlittenen Blutzoll weit übertrafen. Erst im Frühjahr 328 vor Christus erlitt der kühne Reiterführer gegen Alexanders Soldaten eine schwere Schlappe. Die Gefährten des Spitamenes schickten Alexander daraufhin den Kopf ihres Anführers, um den mächtigen König zu beschwichtigen.

Unser Zeitzeuge von Alexanders Eroberungsfeldzug erinnert sich an diese Zeit nach den großen Erfolgen gegen den persischen König: *„Auch wenn unsere Herzen schmerzten, die Sehnsucht nach der Heimat uns nächtelang nicht zur Ruhe kommen ließ, so folgten wir doch willig unserem König Alexander, den es immer heftiger nach Osten, in das geheimnisvolle Land der Indier zog.*

Um aber die Schätze dieses Landes zu erobern und die merkwürdigen Gebräuche ihrer Bewohner zu erkunden, musste das wilde Land der Sogdier unterworfen werden. Ihre Burgen, die wie Adlerneste auf den Felsen klebten, waren schier uneinnehmbar. Der tiefe Schnee ließ das Mark in unseren Knochen erstarren. Wir ernährten uns kümmerlich von halb erfrorenen Wurzeln und dem Fleisch der Pferde, die diesen Strapazen nicht stand hielten.

Aber unser Herrscher überwand durch List und Stärke auch den Widerstand dieser Barbaren, denn die Götter waren auf seiner Seite. Auf der Burg des Barbarenfürsten Ariamazes verstand es schließlich die schöne Rhoxane, gerade 13 Sommer jung und die Perle des Morgenlandes genannt, Tochter des Satrapen Osyartes, das Herz unseres Königs zu verzaubern. Der erhabene Alexander erhob sie vor den Augen des Heeres zur rechtmäßigen Gemahlin, als er gemeinsam mit ihr das Brot brach und den Wein aus einem Kelch trank.“

Die Hochzeit mit der blutjungen baktrischen Fürstentochter Rhoxane wird von manchen Historikern so gedeutet, dass Alexander symbolisch zeigen wollte, dass er die Herrschaft über Asien weniger auf Gewalt als vielmehr auf Liebe aufzubauen beabsichtigte. Außerdem versäumte es Alexander nicht, darauf hinzuweisen, dass durch diese Verbindung die Gemeinschaft der Völker gefestigt werde.

Aber das alles war wahrscheinlich nur Augenwischerei. In Wirklichkeit dürfte es sich um eine wilde Leidenschaft des Welteroberers gehandelt haben, der sich rettungslos in die schöne Fürstentochter verliebt hatte. Er heiratete Rhoxane aus einem spontanen Entschluss heraus, auch wenn seine makedonischen Kriegskamaraden dieser Hochzeit eher distanziert gegenüber standen. Aber sie fürchteten den Jähzorn ihres Königs und wagten nicht offen, über diese Verbindung Kritik zu üben. Der Rückmarsch nach Babylon wurde in seltsam gedrückter Stimmung angetreten, so als ahne jedermann das kommende Unheil.

Alexander tötet Kleitos

Im Herbst des Jahres 328 kam es zu jenem tragischen Gastmahl in Babylon, das Alexanders Seele für den kurzen Rest seines Lebens schwer belasten sollte. Die engsten Freunde des Königs saßen zusammen und zechten ausgiebig. Einige von ihnen begannen Spottlieder auf die Offiziere zu singen, die gegen Spitamenes wenig erfolgreich gekämpft hatten. Darüber kam es zu einem erregten Wortwechsel, in dessen Verlauf Alexander, vom Wein erhitzt, sich hinreißen ließ, seinen Jugendfreund Kleitos der Feigheit zu bezichtigen. Der aber blieb die Antwort nicht schuldig.

„Diese Feigheit, Göttersohn, hat Dir einst am Graniko das Leben gerettet. Durch das Blut der Makedonen und durch diese Wunden bist du so groß geworden, dass Du Philipp verleugnest und Dich dem Ammon zum Sohn aufdrängst," schrie er seinen König an. Nun war der Bann gebrochen, und der ganze Groll der alten makedonischen Kampfgefährten gegen ihren König, der aus einem primus inter pares ein absoluter Monarch östlicher Prägung und Sohn des Gottes Ammon geworden war, schaffte sich in den weiteren Worten des Kleitos ungehemmt Bahn:

„Glücklich alle, die gestorben sind, ehe sie mit ansehen mussten, dass Makedonen mit medischen Ruten geschlagen werden und gezwungen sind, sich an Perser zu wenden, damit sie zu ihrem König Zutritt erhalten." Alexander möge doch künftig nicht mehr freie Männer an seine Tafel laden, sondern Barbaren und Sklaven, die den Saum seines Gewandes küssten und seinen persischen Gürtel anbeteten, pöbelte Kleitos trunken.

Im Innersten getroffen, sprang Alexander auf und wollte nach seinen Waffen greifen. Die aber hatten Freunde schon vorsorglich weggeschafft. Der König fühlte sich verraten, dachte an einen Hinterhalt, schrie auf makedonisch – wie immer, wenn er sich in höchster Erregung befand – nach seiner Leibwache und ließ Alarm blasen. Kleitos war inzwischen aus dem Raum geführt worden, doch er riss sich los und kehrte voll trunkener Wut in den Festraum zurück, fuhr fort mit seiner lästerlichen Rede gegen den König und seinen persischen Sitten. Seiner Sinne nicht mehr mächtig, riss Alexander einer Wache den Speer aus der Hand und schleuderte ihn gegen Kleitos, der tödlich getroffen zu Boden sank.

Schon im nächsten Augenblick war Alexander wieder nüchtern. So maßlos er im Zorn war, so maßlos war er in seiner Verzweiflung, als er den toten Freund vor sich auf dem Boden liegen sah. Drei Tage und drei Nächte durfte niemand sein Zelt betreten, der König verweigerte auch jede Nahrung. Die Gefährten vergaßen allen Groll gegen ihren König, standen verzweifelt um sein Zelt und wussten nicht mehr weiter. Das Heer trat schließlich zusammen und erklärte, dass Kleitos zu Recht getötet worden sei. Mit Mühe gelang es schließlich den Freunden, Alexander zu beruhigen. Sie beschworen ihn, an das Heer und an das Reich zu denken. Der Tod des Kleitos, verkündeten sie, sei von den Göttern beschlossen worden.

Die Erwartung, die vielleicht viele Makedonen an den tragischen Vorfall knüpften, dass ihr König die Konsequenzen aus der bitteren Erfahrung ziehen und es künftig vermeiden würde, ihnen als „Göttersohn“ und asiatischer Großkönig, angetan mit entsprechenden Insignien und Gewändern, gegenüberzutreten, diese Erwartung erfüllte sich jedoch nicht. Im Gegenteil – Alexander ging unbeirrt den eingeschlagenen Weg weiter. Er versuchte zum Beispiel, die Proskynese, das heißt den Kniefall, den die Asiaten vor ihrem Herrn und König zu tun pflegten, auch für die Makedonen und Griechen an seinem Hof einzuführen.

Man muss sich einmal klar machen, was dieser Schritt für die Männer bedeutete, die Alexander teilweise von Jugend auf kannten, die Freud und Leid des persischen Feldzuges mit ihm geteilt und in ihm immer in erster Linie den Freund und Kampfgefährten gesehen hatten. Die persische Sitte, sich vor dem Großkönig in den Staub zu werfen, war von den Griechen seit jeher als besonders krasser und sinnfälliger Ausdruck der knechtischen Haltung des Orientalentums aufgefasst worden. Darüber hinaus galt es als Ausdruck der Anbetung eines von den Untertanen vermeintlich als Gott verehrten Monarchen. Aber die Verehrung für ihren heldenhaften König war so groß, dass sie – fast – alle bereit waren, dieser absurden Forderung Alexanders nachzukommen.

Alle taten das, bis auf einen, den Griechen Kallisthenes. Dieser Mann, ein Neffe des Aristoteles und sozusagen königlicher Hofhistoriograph, der Alexander bisher in Wort und Schrift hymnisch gefeiert hatte, weigerte sich offen, den Kniefall zu leisten. Als bald darauf eine Verschwörung g egen Alexander unter den Pagen des Hofes, deren Lehrer Kallisthenes war, aufgedeckt wurde, benutzte Alexander eiskalt die Gelegenheit zur Rache. Obwohl die Verhöre der Pagen auf der Folter nichts Belastendes gegen den Hofbiographen zu Tage förderten, gab Alexander ohne zu zögern den Befehl, Kallisthenes hinzurichten.

Das indische Abenteuer

Das Heer, das von Baktra aus den Feldzug nach Indien antrat, war schätzungsweise 50.000 Mann stark. In seiner Zusammensetzung unterschied es sich deutlich von dem Heer der vorhergehenden Jahre. Starke Besatzungen, die meist aus altgedienten Makedonen und griechischen Söldnern bestanden, mussten in Baktrien und Sogdien zurückgelassen werden. Ihr Abzug wurde ausgeglichen, indem neue Verbände von Persern, Baktrern, Sogden und Saken aufgestellt und dem Heer angegliedert wurden. Dadurch vergrößerte sich natürlich der Anteil der Iraner gegenüber den Makedonen. Das galt vor allem für die

Reiterei, da die iranischen Truppen größtenteils aus berittenen Bogenschützen bestanden.

Es gab wohl mehrere Motive und Zielsetzungen, die Alexander zu seinem Indienfeldzug bewogen. Abgesehen davon, dass er Untätigkeit nicht ertrug, hielt er es für selbstverständlich, auch den östlichsten Teil des Perserreiches, das Indusgebiet, zu unterwerfen. Auf jeden Fall wollte Alexander die Küste des Ozeans erreichen, den er als natürliche Grenze seines Reiches ansah.

Und er wollte die märchenhaften Wunder Indiens sehen, von denen die griechischen Historiker Hekataios, Herodot und Ktesias berichtet hatten. Letzterer schrieb von hundsköpfigen Menschen und einer Quelle, die sich alljährlich mit flüssigem Gold füllte, das man in Krügen abschöpfen könnte. Und noch etwas war es, was Indien für Alexander so verlockend machte: Der Gottkönig konnte den Spuren des Dionysos und des Herakles folgen, die dem Mythos zufolge ebenfalls nach Indien gezogen waren. Das war die Augenhöhe, die ihm angemessen erschien.

An den Südabfällen des Hindukuschgebirges hatte Alexander schon im Winter 330/29 eine Stadt mit dem Namen Alexandreia gegründet. Hier traf er, nachdem er das Gebirge erneut in nordsüdlicher Richtung überquert hatte, die letzten Vorbereitungen für den Zug nach Indien. Während er selbst mit einem Teil des Heeres nördlich des heutigen Kabuls durch wilde Gebirgsgegenden in Richtung auf den Indus vordrang, gab er den Unterfeldherren Perdikkas und Hephaistion Order, mit dem übrigen Teil des Heeres auf einer leichteren, südlichen Route dem Indus entgegen zu ziehen und den Übergang der gesamten Streitmacht über diesen Strom durch den Bau einer Brücke vorzubreiten.

Ohne allzu große Schwierigkeiten konnten Perdikkas und Hephaistion ihren Auftrag ausführen. Alexander dagegen hatte mit seinem Heeresteil zahlreiche schwere Kämpfe zu bestehen. Die wilden und streitbaren Bergstämme waren nur ganz selten bereit, sich dem fremden Eroberer kampflos zu unterwerfen. Viele leisteten in ihren befestigten Orten erbitterten Widerstand, andere zündeten ihre Städte an und flohen, von den Makedonen verfolgt, in die Berge.

Die größte Stadt in diesem Gebiet, Massaga, verteidigte sich lange erfolgreich mit Hilfe von 7.000 indischen Söldnern, denen nach schließlich erfolgter Übergabe ein grausames Schicksal zuteil wurde. Von Alexander eingeladen, in seine Dienste zu treten, schlugen sie neben den Makedonen ihr Lager auf. In der folgenden Nacht aber wurden sie von Alexanders Heer umzingelt und niedergemacht. Wieder einmal schreckte Alexander bei der Verfolgung seiner Ziele nicht vor brutalster Gewalt zurück.

Vor den Truppen Alexanders hatten sich viele Menschen auf ein Felsplateau mit dem Namen Aornos gerettet, das der Legende nach selbst von Herakles vergeblich belagert worden war. Militärisch war das Vorhaben völlig unbedeutend, aber es reizte Alexander, etwas zu schaffen, was selbst dem Gott Herakles misslungen war. Unverzüglich machte er sich ans Werk und schaffte tatsächlich das Unglaubliche: Über eine tiefe Schlucht ließ er – ähnlich wie schon in Tyros – einen Damm gegen den Felsen aufschütten, zwang die Belagerten zur Übergabe und fühlte sich einmal mehr den Göttern gleich.

Als Alexander schließlich den Indus im Frühjahr 326 erreichte, hatten Perdikkas und Hephaistion schon alles für den Übergang des Heeres über den Strom vorbereitet. Nach längerer Rast und feierlichen Opfern für die Götter wurde über den Indus gesetzt und es begann der Vormarsch im Pandschab.

Taxiles, der mächtigste Fürst in den unmittelbar an diesen Strom grenzenden Gebieten, hatte mit Alexander schon im Vorjahr durch eine Gesandtschaft Kontakt aufgenommen. Jetzt zog er ihm an der Spitze eines glänzenden Gefolges entgegen, um ihn feierlich in seine Hauptstadt Taxila zu führen. Von Alexander reich beschenkt und durch Vergrößerung seines Gebietes geehrt, musste sich Taxiles dazu bereit erklären, fortan einen vom König eingesetzten Mitregenten neben sich zu dulden und Kämpfer für Alexander zu stellen. Aus Taxiles war ein Vasallenfürst geworden.

Der Kampf gegen Poros

Dem Beispiel des Taxiles folgten einige andere indische Herrscher, nicht aber Poros, der König der sich östlich des Hydaspes erstreckenden Gebiete. Er nahm mit seinem gut gerüsteten Heer Aufstellung, um dem Eroberer aus dem Westen den Eintritt in sein Reich zu verwehren.

Unser Zeitzeuge erinnert sich: *„Bei unserer Ankunft am Fluss Hydaspes zeigte sich, dass ein Übergang über den reißenden Strom nicht möglich war. Der indische Barbarenfürst hatte das Ufer auf weite Strecken gesichert. Auch war zu befürchten, dass unsere Pferde, selbst wenn der Übergang gelingen sollte, vor den zahlreichen Elefanten scheuen würden, die der indische König bereit gestellt hatte, um uns zu zerschmettern. Es dauerte mehrere Wochen, bis unser König Alexander flussaufwärts mit Hilfe der Götter eine geeignete Stelle zum Übersetzen fand. Als aber die Feinde unsere Anwesenheit bemerkten, war es für sie bereits zu spät. Die*

Streitmacht, die uns der Indier-König Poros entgegen sandte, schlugen wir blutig in die Flucht. Wir hatten dabei kaum Verluste zu beklagen. Nur unser geliebter König trug Trauer im Herzen, brach doch sein getreues Schlachtross Bukephalos entkräftet unter dem Körper seines Königs tot zusammen.

Doch der Sieg war noch lange nicht unser, denn jetzt sandte Poros die Hauptmacht gegen uns. An der Spitze seine Kampfelefanten mit jeweils vier Mann und mehr auf dem Rücken, die uns wie wandelnde Festungstürme erschienen. Doch durch den Kampfeslärm und die erlittenen Wunden richteten die Elefanten im eigenen Lager mehr Verwirrung an, als sie dem Gegner nutzten. Und ich muss es gestehen: Die barbarischen iranischen Bogenschützen waren es, die am Hydaspes die Schlacht zu unseren Gunsten entschieden. Sie stießen vehement in die rechte Flanke der Inder, während unser König das Zentrum attackierte. Wir setzten mit wütendem Eifer nach, zersplitterten ihre Reihen und schlugen die braunhäutigen Teufel in die Flucht. Wir rasteten einen Monat, um unsere Wunden zu heilen und wieder zu Kräften zu kommen. König Alexander aber ehrte den verwundeten König Poros und behandelte ihn wie einen Bruder. Er beließ ihm sogar seinen Schmuck, der allzu prächtig und eine gute Beute gewesen wäre.“

Die Schlacht am Hydaspes im Juni 326 war Alexanders letzte große Feldschlacht. Der Hauptwiderstand im Pandschab war damit gebrochen. Poros, der auf einem Elefanten tapfer gekämpft hatte und schwer verwundet worden war, wurde ehrenvoll behandelt. Alexander nahm ihn als Satrapen in sein Gefolge auf und bestätigte ihn als Beherrscher seines Gebietes, ohne ihm einen Makedonen zur Seite zu stellen. Auch in den späteren Zeiten blieb der Inder ein treuer Freund und Vassall des neuen Großkönigs von Asien, der ihn im ritterlichen Kampf überwunden hatte.

Zwei Städte gründete Alexander zur Erinnerung an den großen Sieg und zur Sicherung dieses strategisch wichtigen Platzes: Nikaia – Stadt des Sieges – und, zur Erinnerung an sein Lieblingspferd, Bukephalos. Den Bau und die Befestigung der Städte überließ er seinem Unterfeldherrn Krateros; er selbst setzte mit dem Großteil des Heeres den Marsch nach Osten fort.

Der Hyphasis wurde im Spätsommer 326 erreicht. Das Heer hoffte, nunmehr am Endpunkt seines langen Marsches, der durch den Großteil der damals bekannten Welt geführt hatte, angelangt zu sein. Aber Alexanders Eroberungslust war noch immer nicht gestillt. Als der König erfuhr, dass sich jenseits des Stromes wiederum ein reiches Land erstreckte, da wollte er auch den Hyphasis überschreiten und das Gebiet, das eben erst in seinen Gesichtskreis trat, unter seine Herrschaft bringen.

Die Makedonen wussten, dass ihnen dafür weitere Kämpfe und gefahrvolle Märsche durch unbekannte Länder bevorstanden, von denen niemand sagen konnte, wann und wo sie enden würden. Es kam zu Unruhen und Zusammenrottungen. Alexander, dem diese Stimmung nicht verborgen blieb, berief die höheren Offiziere zu sich und legte ihnen dar, dass es darum gehe, jetzt noch die letzten Stämme zu unterwerfen, um an die Ozeangrenze im Osten zu gelangen. Er verkenne die bevorstehenden Mühen nicht, doch sei man bisher mit allen Schwierigkeiten fertig geworden und werde auch dieses Ziel erreichen.

Es war aber nun doch schon soweit gekommen, dass auch die Offiziere nicht mehr weiter wollten. Die alten Krieger beschieden ihren König und Feldherrn mit einem unerbittlichen „Nein“. Einmal müsse des Marschierens und Leidens ein Ende sein. Die Erinnerung an die schweren Kämpfe gegen die Inder, die immer wieder hinausgeschobenen Marschziele, die zermürbende, lange Regenzeit, vieles wirkte hier zusammen. Selbst die Erlaubnis, die Umgegend des Hyphasis zu plündern und nach Belieben Beute zu machen sowie die Gewährung von Soldzulagen brachten bei der Truppe keinen Umschwung. Alexander zog sich zornig in sein Zelt zurück. Nach drei Tagen, als auch die Zeichendeuter dafür sorgten, dass die Opferschau ungünstig ausfiel, verkündete er dem Heer seinen Entschluss zur Rückkehr. Es war der Sommer im Jahre 326 vor Christus, und unter den Soldaten im Lager herrschte große Freude.

Der Rückzug aus Indien

Was Alexander letztlich zur Umkehr am Hyphasis bewog, ist nicht ohne weiteres klar. Ohne die Weigerung des Heeres hätte er gewiss den Hyphasis überschritten, um über das Gangesgebiet, von dessen Größe er freilich keine Vorstellung besaß, den Ozean zu erreichen. Das Heer war durch indische Truppen verstärkt, Nachschub aus Makedonien und Griechenland wurde erwartet und traf bald darauf auch ein. Die rückwärtigen Verbindungslinien waren gesichert, die Regenzeit ging zu Ende.

Wenn Alexander dennoch auf den Angriff verzichtete, dann lag das nicht nur am Widerstand seiner Offiziere und Veteranen, sondern daran, dass er glaubte, auf sein eigentliches Ziel, den Ozean zu erreichen, nicht verzichten zu müssen. Anstatt in östlicher Richtung weiter zu ziehen, glaubte er mit einer Flotte den Indus hinabfahren und den Ozean auch in südöstlicher Richtung erreichen zu können. Am Hyphasis handelte es sich für Alexander also mehr um eine Richtungsänderung als um eine Rück- oder Umkehr. Nichtsdestotrotz ließ er am Fluss zwölf turmhohe Altäre errichten, die die Grenze des Reiches bezeichnen sollten. Das war im Spätherbst des Jahres 326 vor Christus.

Auch unser Zeitzeuge war damals heilfroh, endlich umkehren zu dürfen: *„Der Mensch ist nicht dazu geschaffen, wie ein Vogel über die Erde zu fliegen oder wie ein Fisch die Meere zu durchpflügen. Wir sind unserem göttlichen König bis an den Hyphasis gefolgt. Narben von den vielen Schlachten bedeckten unsere Körper wie ein hässlicher Ausschlag. Wir haben die barbarischen Völker Asiens geschlagen, wo immer wir sie antrafen. Wir haben ihre Frauen und Töchter genommen, sie ihrer Schätze beraubt und sie in die Sklaverei verkauft. Und als sich uns König Poros mit seinen mächtigen Elefanten in den Weg stellte, so haben wir auch ihn bezwungen.*

Aber dieses fremde Indienland wird sogar von unseren Göttern gemieden. Merkwürdige Götzen beten die Bewohner an, bei denen sich nicht einmal eine Plünderung lohnt. Am schlimmsten aber ist der ständige Regen, der nachts den Schlaf raubt und uns am Morgen elend fühlen lässt. Unsere Körper gehorchen uns nicht mehr, jedes Glied schmerzt. Aussätzigen Bettlern im heimischen Makedonien geht es besser als uns. Was nutzen uns all die Schätze Asiens oder des Königs Gunst, wenn unsere Knochen jenseits des Hyphasis vermodern und kein Sohn, keine Tochter die Götter auf dem Olymp um Milde für unsere Seelen anflehen kann. In einem Land, wo die Ameisen so groß wie Hunde werden und Fliegen so gewaltig wie Adler sind, wollen wir nicht sterben. Wir wollen heim zu unseren Lieben, die wenigen Jahre, die uns noch verbleiben, die morschen Knochen am makedonischem Herd wärmen."

Als das Heer wieder am Hydaspes eintraf, stand der Flottenbau, den Alexander Monate zuvor in Auftrag gegeben hatte, um von hier aus den Ozean zu erkunden, kurz vor seinem Abschluss. Alexander beschloss, sich selbst mit einem Teil der makedonischen Kerntruppen einzuschiffen, während Kratero und Hephaistion das Gros des Heeres zu Fuß in zwei getrennten Heersäulen längs der beiden Ufer des Flusses nach Süden führen sollten. Mit neuen großartigen Opfern gab Alexander das Zeichen zur Fahrt nach dem Ozean und damit zur letzten Etappe des indischen Feldzuges. Das war im Spätherbst 326 vor Christus.

Vom Hydaspes ging es zunächst weiter in den Akesines, dann hinunter in den Indus. Die Bewohner der Gebiete links und rechts der Ströme kamen, soweit sich ihre Fürsten Alexander unterworfen hatten, in Scharen gelaufen und betrachteten staunend den gewaltigen, viele hundert Schiffe zählenden Flottenzug, der sich vor ihren Augen stromabwärts bewegte. Zwei sehr volkreiche und kriegerische, im Mündungsgebiet des Hyarotis sitzende Stämme, die Maller und Oxydraker, griffen zu den Waffen, um Alexander den Durchzug durch ihr Gebiet zu verwehren. Doch blitzschnell, wie es die Art des Königs war, stand er vor den Mauern ihrer Städte und brach deren Widerstand. Nur einige mallische Städte hielten länger stand. Durch seinen tollkühnen Mut geriet Alexander bei dem Versuch, die Städte zu erobern, einmal in eine verzweifelte Situation, aus der ihn seine Genossen nur mit größten Schwierigkeiten befreien konnten.

Alexander war als erster auf einer der Sturmleitern die Mauern einer mallischen Festung empor gestürmt. Und als die Sturmleiter unter der Last der nachdrängenden Soldaten zusammenbrach, sprang er nahezu allein von der Mauer in die feindliche Stadt. Dort verteidigte er sich, einem homerischen Helden gleich, mit dem Rücken zur Wand gegen die Übermacht der andrängenden Feinde. Aber ein Pfeil traf ihn in die Brust, der königliche Held sank ohnmächtig zu Boden. Seine gleichfalls schon schwer verwundeten Gefährten Leonnatos und Peukestas vermochten ihn kaum noch zu schützen, da rettete ihn im letzten Moment eine makedonische Abteilung, die sich mit dem Mut der Verzweiflung den Weg zu ihm über die Mauer und durch ein zertrümmertes Stadttor gebahnt hatte.

Als das Gerücht die Runde machte, Alexander sei im Kampf gefallen, brach großes Wehklagen im Heer aus. Erst als der Gottkönig, auf einem altarähnlichen Gerüst unter einem prunkvollen Baldachin ruhend, von seinem Schiff aus die Veteranen am Ufer mit dem Heben seines Armes matt grüßte, beruhigten sich die Krieger wieder und jubelten. Solange ihr Held am Leben war, fürchteten sie nichts.

Auch im Verlaufe des weiteren Flottenzuges hinab zur Mündung des Indus traf Alexander öfters auf Dynasten und Völkerschaften, die sich nicht freiwillig unterwerfen wollten oder sich nur scheinbar unterwarfen und sich dann in seinem Rücken gegen ihn erhoben. Die Bewohner von Pattala, einer ansehnlichen Stadt an der Stelle, an der sich der Indus in zwei große Mündungsarme teilt, hielten es für das beste, ihre Wohnsitze den anrückenden Makedonen kampflos zu überlassen. Alexander besetzte den verödeten Platz und gab sogleich Befehl, die Hafen- und Werftanlagen wie auch die Befestigungen auszubauen.

Begleitet von nur wenigen Schiffen setzte er die Fahrt den westlichen Arm des Indusdeltas hinab zur Mündung des Stromes fort, um hier zwei feierliche Opfer den Göttern darzubringen, wie es ihm von Ammon aufgetragen war. Allein fuhr er schließlich weit in den Ozean hinaus, wo er dem Gotte Poseidon ein drittes besonders großartiges Opfer darbrachte: Zwei Stiere wurden geschlachtet und ins Meer versenkt. Auch die goldenen Gefäße und Schalen, aus denen der König spendete, wurden den Fluten als kostbare Gaben für den Beherrscher des Meeres überlassen. Mit dieser Opferhandlung auf dem Indischen Ozean, die in besonderer Weise die ebenso starke wie urtümlich-primitive Religiosität Alexanders bezeugt, fand der indische Feldzug einen weihevollen Abschluss.

Der Marsch durch die Wüste

Als Alexander von seiner Fahrt an die Indusmündung wieder in Pattale eintraf, ließ er die Rückkehr des Heeres und der Flotte nach Westen vorbereiten. Der Kern des Heeres sollte unter seiner Führung in Küstennähe durch die Satrapien Gedrosien und Karmanien ziehen, die Flotte unter Nearchus an der Küste entlang bis zur Euphratmündung segeln, um zugleich die Möglichkeit eines regelmäßigen Seeverkehrs auf dieser Strecke zu erkunden. Es war ein kombiniertes Land- und Flottenunternehmen, wie es schon mehrmals, zuletzt am Indus, durchgeführt worden war.

Da der Landweg durch Wüstengebiet führte und als besonders schwierig galt, wurde Proviant für vier Monate gesammelt, zum Teil vorausgeschickt und am Wege gelagert, wo auch Brunnen gegraben werden mussten. Das Heer, das den gefährlichen Wüstenmarsch durchführen sollte, bestand aus ausgesuchten makedonischen Verbänden und berittenen

Bogenschützen, kaum mehr als 20.000 Mann mit dem zugehörigen Tross.

Alexander hatte beabsichtigt, weiter an der Küste Gedrosiens entlang zu marschieren, um dort zugleich Stützpunkte für die nachkommende Flotte anzulegen. Doch das Küstengebirge Taloi westlich von Kokala zwang ihn, ins Landesinnere auszuweichen und dort den Fluss Hingol zu überschreiten. Jetzt zeigten sich mit aller Härte die Schrecken der Wüste Gedrosiens. Hitze, Sandstürme und Wassermangel bewirkten, dass nur in der Nacht marschiert werden konnte. Die Lebensmittel wurden so knapp, dass Zugtiere geschlachtet werden mussten. Wagen, Beute, Gepäck und viele Erschöpfte blieben am Wege liegen. Die Mühen, so wird berichtet, waren unvergleichlich schlimmer als bei allen anderen Zügen in Asien.

Auch unser Zeitzeuge entkam dieser gnadenlosen Situation nur mit Mühe: *„Es schien, als ob sich alle Götter gegen uns verschworen hätten. Jeder Schritt, mit dem wir uns der Heimat näherten, war eine Qual. Die glühende Sonne, die unser Blut zum Kochen brachte, die schrecklichen Sandstürme, direkt aus dem Höllenschlund des Hades gesandt, machten ein Weiterkommen fast unmöglich. Und nirgends eine Quelle, an der wir uns laben konnten. Nirgends ein Baum, der uns hätte Schatten spenden können. Keine Herberge für den Schutz in der Nacht.*

So musste es im Hades sein. Viele meiner Kameraden hätten ihr ganzes Vermögen gegen einen Schlauch voll Wasser getauscht, doch es gab kaum noch etwas. Manche wurden für immer wirr im Kopf. Als König Alexander ein Helm mit den letzten Tropfen, die noch aufzutreiben waren, gereicht wurde, da schüttete er das kostbare Nass verächtlich in den Wüstensand. Es solle ihm nicht besser ergehen als seinen Soldaten, rief er aus. Bei den Göttern, unser Herrscher zeigte Größe, auch in der Stunde der Not.“

Eine Katastrophe schien sich für das Heer anzubahnen. Doch Alexander verlor nicht die Nerven. Er ließ die Richtung nach Südwesten einhalten, um wieder an die Küste zu gelangen. Als sich herausstellte, dass sich die einheimischen Führer verirrt hatten, bog er mit fünf Begleitern nach Süden ab, bis er bei Pasni die Küste vor sich sah, wo er sogleich mit Erfolg nach Süßwasser graben ließ. Hier konnte sich das Heer wieder sammeln und neue Kräfte schöpfen. Acht Tage später gelangte es zu der persischen Straße, nach weiteren 320 Kilometern wurde die gedronische Hauptstadt Pura erreicht. Ende des Jahres 325 wurde hier Rast gehalten. Die Flotte, mit der keine Verbindung mehr zustande gekommen war, musste als verloren gelten.

Für den Weitermarsch nach Karmanien hatte Alexander nach den Erfahrungen in Gedrosien besser vorgesorgt. Aus den umliegenden Satrapien kamen Kamelkarawanen, die mit zubereiteten Lebensmitteln bepackt waren, dazu Pferde und Zugtiere. Wie vereinbart traf hier auch Krateros mit seiner Heeresgruppe wieder mit Alexander zusammen. Er war vom Indus über den Mulla-Pass, den Bolan-Pass nach Alexandreia in Kandahar, dann weiter auf der Straße nach Drangiane gezogen und hatte unterwegs mehrere Aufstände niedergeschlagen.

Nach den überstandenen Leiden und Entbehrungen glich der Zug des wieder vereinigten Heeres durch Karmanien, mit üppigen Vorräten und blumengeschmückten Wagen, von Frauen und Musikanten begleitet, zeitweilig einem Festzug.

Der Weg der Flotte

Die Flotte war indes früher als geplant von der Indusmündung ausgelaufen, da sich die Bevölkerung nach dem Abmarsch Alexanders feindlich verhielt. An der Küste der Arabiten musste daher 24 Tage gewartet werden, bis die für die Weiterfahrt günstigen Nordostwinde einsetzten. Es wurde immer wieder an der felsigen Küste, aber auch an vorgelagerten Inseln, angelegt, um Trinkwasser und Nahrung zu beschaffen. Nur einmal konnte die Verbindung mit dem Landheer hergestellt werden. So wurden in Kokala gelagerte Lebensmittel für zehn Tage übernommen.

Nach einem Gefecht mit Küstenbewohnern an der Mündung des Tomeros gelangte die Flotte in die Gegend der Ichthyophagen, eines bettelarmen Volkes, die vorwiegend von rohem Fisch lebten und in primitiven Hütten lebten. In einer befestigten Siedlung, die mit Mühe überrumpelt werden konnte, wurde nur Fischmehl erbeutet. Die Makedonen litten bittere Not, Meuterei lag in der Luft. Als das Kap Maketa an der Straße von Hormuz auftauchte, schlug der Obersteuermann Onesikritos vor, nach Westen abzudrehen und Arabien zu umfahren. Es gelang jedoch Nearchus, die Mannschaften davon zu überzeugen, dass dieser Rat, der zudem den Weisungen Alexanders widersprach, noch mehr unbekannte Gefahren bringen könne und daher für alle verderblich wäre. Die Fahrt der Schiffe wurde bis zum Eingang des Persischen Golfs fortgesetzt. Bei Hormuz an der Mündung des Minab fand sich schließlich in fruchtbarer Gegend ein sicherer Landeplatz.

Durch Zufall erfuhr Nearchus, dass sich Alexander mit dem Heer fünf Tagemärsche landeinwärts befand. Einige Perser aus dem Schiffslager hatten einen Mann getroffen, der griechische Tracht trug, griechisch sprach und erklärte, zum Lager Alexanders zu gehören. Er hatte sich verirrt. Nearchus eilte mit wenigen Begleitern zu seinem König, der die abgemagerten, struppigen Männer zunächst gar nicht wiedererkannte. Als Alexander erfuhr, dass die ganze Flotte gerettet sei, übermannten ihn Tränen der Rührung und Freude. Beim Zeus und Ammon, rief er aus, darüber freue er sich mehr als über die Eroberung ganz Asiens.

Nach tagelangen Dankopfern und Festspielen brach Nearchus wieder auf, segelte mit der Flotte an der Ostküste des Persischen Golfs entlang bis zum Mündungsgebiet des Euphrat und Tigris und warf in der Nähe von Susa Anker, um dort mit Alexander und dem Landheer endlich wieder zusammenzutreffen.

Indes eilte Alexander, begleitet nur von wenigen leichten Truppen, von Karmanien auf kürzestem Wege nach Persepolis und weiter nach Susa, um in den alten Zentren des Perserreiches nach dem Rechten zu sehen und vor allem Strafgerichte gegen diejenigen Verwalter, die sich als unwürdig des in sie gesetzten Vertrauens erwiesen hatten, zu vollziehen. Darunter war auch der Finanzverwalter Harpalus, der in seinem Größenwahn und im Glauben, dass Alexander nicht mehr aus Indien zurückkehren werde, seiner berüchtigten Athener Mätresse Pythionike ein Standbild errichtet und von der Bevölkerung verlangt hatte, es anzubeten. Harpalus floh, als er von der Rückkehr Alexanders erfuhr zunächst nach Athen und dann nach Kreta. Aber sein zusammengerafftes Vermögen brachte ihm kein Glück. Er wurde ermordet.

Während Alexander die Schuldigen verfolgte, ehrte und beförderte er zugleich seine bewährten Freunde und Mitkämpfer. Hephaistion, der ihm am nächsten stand, erhielt die

Würde eines Chiliarchen, eines Stellvertreters des Königs. Die Männer in der Umgebung Alexanders, die sich am meisten verdient gemacht hatten, erhielten als besondere Auszeichnung goldene Ehrenkränze. Zunächst Peukestas und Leonnatos, die ihn bei den Mallern mit den Schilden gedeckt und ihm das Leben gerettet hatten, dann Nearchus und Onesikritos für ihre erfolgreiche Flottenfahrt von Indien zum Persischen Golf. Zahlreiche andere erhielten ebenfalls Auszeichnungen und Geschenke, außerdem kam Alexander für alle Schulden auf, die seine Soldaten angehäuft hatten.

Die Massenhochzeit von Susa

Zum feierlichen Abschluss der Feldzüge wurde in Susa ein glänzendes Hochzeitsfest begangen. Alexander vermählte sich, und ebenso seine Freunde und Mitkämpfer mit vornehmen iranischen Frauen und legalisierte alle Konkubinate makedonischer Soldaten. Er selbst nahm Stateira, die älteste Tochter Dareios` III, und Parysatis, die jüngste Tochter des Artaxerxes III. Ochos gleichzeitig zur Ehe, um damit seine Verbindung mit der persischen Dynastie der Achaimeniden zum Ausdruck zu bringen. Nach der orientalischen Königssitte der Polygamie blieb dabei auch Rhoxane weiterhin seine Gemahlin. Seinem Freund Hephaistion gab er Drypetis, die zweite Tochter des Dareios, um auch hier ein verwandtschaftliches Verhältnis herzustellen. Fast 80 solcher Ehen wurden geschlossen.

Wie sehr die Getreuen freilich diese Ehen als bloßen Zwang empfanden, wurde nach dem Tode des Königs deutlich, als sie alle, mit einer Ausnahme von Seleukos, nicht zögerten, die angetrauten Frauen zu verstoßen, die sie in Susa hatten nehmen müssen. Bei den Soldaten ließ Alexander mehrere tausend Verbindungen als rechtmäßige Ehen anerkennen.

Das Fest wurde in einem prunkvollen Königszelt fünf Tage lang gefeiert. Für die jungen Paare spendierte Alexander großzügig eine Aussteuer. Natürlich war es die Absicht des Königs, Makedonen und Perser zusammenzuführen, um die Einheit des Reiches für die Zukunft zu sichern.

Unser Zeitzeuge schwärmt von dem opulenten Fest: *„Selbst wenn der Euphrat und der Tigris den Weg zum Meer nicht mehr finden werden, wird man noch immer über dieses Fest sprechen. Das Beilager wurde nach persischer Sitte gehalten. Das große königliche Zelt war zu diesem Feste eingerichtet. Seine Kuppel war mit bunten und reich bestickten Stoffen bedeckt. Die Kuppel selbst ruhte auf 50 vergoldeten oder versilberten, mit kostbaren Gesteinen ausgelegten Säulen von 30 Fuß Höhe. Rings umher hingen als Zeltvorhänge kostbare, golddurchwirkte, mit vielfachen Bildern durchwebte Teppiche von schwer vergoldeten Stäben herab. Der Umfang des ganzen Zeltes betrug vier Stadien. Das Innere war mit Gold, Scharlach, Himmelblau und Purpur ausgeschmückt.*

Inmitten des Saales war die Tafel gedeckt. Auf der einen Seite standen die hundert Diwane der Bräutigame, auf silbernen Füßen ruhend, mit hochzeitlichen Teppichen überbreitet, nur der Diwan des Königs in der Mitte war aus Gold. Auf der anderen Seite der Tafel und im Saale umher waren die Plätze der übrigen Gäste, die geladen waren: der morgenländischen Fürsten, der Gesandtschaften, der vielen Fremden am Hofe. Im Hintergrund der Zeltstadt lagen die Brautkammern, kostbar für die Brautnacht eingerichtet.

Zu gleicher Zeit waren quer durch das ganze Lager für sämtliche Truppen, für die Schiffsleute, für den Tross des Heeres und das Gefolge der Gäste, für alle Fremden im

Lager reiche Tafeln gedeckt. Dann endlich gaben die Heertrompeter vom königlichen Zelte her das Zeichen zum Beginn des Festes. Die Gäste des Königs, es waren ihrer 9.000, setzten sich zum Mahle. Und wieder verkündete das Schmettern der Trompeten, dass der König jetzt den Göttern spende, mit ihm spendeten seine Gäste, jeder aus goldener Schale, dem Hochzeitsgeschenk des Königs.

Als nun die Mischkrüge mit Wein gebracht waren und die Becher kreisten, trat der Zug der verschleierten Bräute herein, und die Fürstentöchter gingen jede zu ihrem Bräutigam. Die Bräutigame reichten ihnen die Rechte entgegen und zogen sie zu sich auf den Teppich, dann gab der König seiner Braut den bräutlichen Kuss, und seinem Beispiel folgten die Getreuen. Die Bräute liebkosend und beim Weine froh saßen sie bis spät in der Nacht, bis ein Paar nach dem anderen in den bräutlichen Kammern verschwand."

Aber auch dies prachtvolle, fünf Tage dauernde Fest konnte nicht verhindern, dass sich die alt gedienten Makedonen gegen die zunehmende Eingliederung iranischer Truppenverbände ins Heer wehrten. Der Unmut darüber war immer größer geworden. Die Makedonen, die mit Alexander gewaltige Siege erfochten hatten, fühlten sich und ihre Leistungen plötzlich nicht mehr gebührend gewürdigt.

Außerdem war ihr Feindbild noch immer fest gefügt: Es waren die iranischen Völker, die sie besiegt hatten, orientalische Barbaren, die kulturell angeblich weit unter ihnen standen. Und plötzlich sollten sie die Feinde von gestern als gleichberechtigte Kameraden anerkennen? Das musste zu Aufruhr in den makedonischen Bauernschädeln führen. Als in Susa 30.000 junge Perser, die Alexander als seine Epigonen bezeichnete, in makedonischer Waffenrüstung herangeführt wurden, vor der Stadt ihr Lager bezogen und eine Militärübung nach makedonischem Muster vorführten, fühlten sich die Veteranen zurückgesetzt.

Baktrische, sogdische, parthische, arachosische und andere iranische Reiterverbände waren schon der Hetärenreiterei angegliedert, die Söhne persischer Satrapen in die Leibgarde aufgenommen worden. Alexander schien immer mehr asiatischen Sinnes zu werden, wie es die Makedonen nannten. Sie glaubten, er bevorzuge deshalb jetzt die Barbaren, weil ihm am Hyphasis der Weitermarsch verweigert worden war und ihm in der Heeresversammlung bisweilen widersprochen wurde. Doch Alexander, der sich nicht nur als König der Makedonen, sondern auch der Perser verstand, hatte längst die Notwendigkeit erkannt, auch die iranischen Völker zur Erhaltung seiner Herrschaft und des Reiches heranzuziehen.

Wie einst schon die persischen Achaimeniden die Gewohnheit hatten, die Sommermonate anstatt in Susa in dem kühleren Ekbatana zu verbringen, so entschloss sich auch Alexander nach längerem Aufenthalt in Susa, für den bevorstehenden Sommer 324 vor Christus die medische Hauptstadt aufzusuchen. Er wies Hephaistion an, das Gros des Heeres an den Tigris zu führen und bestieg selbst mit einem Teil seiner makedonischen Gardetruppen die Schiffe der Flotte, um den Fluss Eulaios hinab zu den Mündungen des Euphrat und Tigris zu fahren. – Weiter ging die Fahrt den Tigris aufwärts gegen Opis zu, wo die Wiedervereinigung mit der Hauptmacht erfolgte.

Die Revolte

In dieser Stadt am Mittellauf des Tigris verkündete Alexander den versammelten makedonischen Veteranen seinen

Entschluss, sie in ihre alte Heimat zu entlassen, soweit sie zum Militärdienst nicht mehr tauglich waren. Die Wirkung dieser Eröffnung war aber gänzlich anders, als der König sie wohl erwartet hatte. Alles schrie durcheinander. Nun, da er sie abgenutzt habe, wolle er sie los sein, und er solle doch lieber gleich das ganze Heer nach Hause schicken und künftig mit seinem Vater Ammon zu Felde ziehen. Die aufgestaute Erbitterung der alt gedienten Makedonen kam jetzt offen zum Ausbruch. Auch andere, nicht zur Entlassung vorgesehene Soldaten erklärten sich solidarisch und verlangten, unter solchen Umständen ebenfalls entlassen zu werden.

Alexander, von dieser Stimmung überrascht, zögerte. Dann sprang er in höchster Erregung von der Rednerbühne, ergriff mit eigenen Händen dreizehn der ärgsten Schreier, und ließ sie in Ketten legen. Für ihn waren sie schlicht nur Meuterer. Eine kurze Ansprache, in der er die gemeinsamen Erfolge vieler Jahre unter seiner Führung hervorhob, schloss er sarkastisch mit der förmlichen Entlassung des ganzen makedonischen Heeres: „Also, zieht ab."

Es war der schwerste Konflikt, den Alexander jemals mit seinem Heere auszutragen hatte. Der König zog sich zurück und blieb auch am nächsten Tag unzugänglich. Dann berief er die persischen Würdenträger zu sich, erklärte sie zu seinen Verwandten und verteilte an sie die Befehlshaberstellen des Heeres. Die persischen Truppenverbände erhielten die Bezeichnungen der makedonischen Einheiten und Waffengattungen. Auch eine persische Leibwache wurde gebildet. Alexander war entschlossen, die Konsequenzen aus der veränderten Lage zu ziehen. In einer Rede vor den versammelten Persern, die er durch einen Dolmetscher übersetzen ließ, erinnerte er an seine Vermählung mit der persischen Königstochter und erklärte, Asien und Europa seien ein Reich, und alle, die unter dem gleichen König lebten, hätten auch die gleichen Rechte. Er meinte es ernst damit, das genau entsprach seiner Überzeugung.

Als die Nachricht von der Aufstellung des neuen Heeres samt der persischen Leibwachen im Lager der Makedonen bekannt wurde, da überfiel die Veteranen große Verzweiflung und bittere Reue. Sie verfluchten, was sie getan, zogen vor das Schloss des Königs, warfen zum Zeichen ihrer Demut und ihres Flehens die Waffen vor dem Eingang auf einen Haufen. Sie jammerten und schrieen, dass sie sich auf Gedeih und Verderb ergäben, dass Alexander über sie verhängen möge, was ihm gut schiene. Dass er sie strafen möge, wie es Undankbare, Aufrührer und Meuterer verdienten. Sie forderten eingelassen zu werden, um sich dem König als Flehende zu nahen, um ihm die Urheber des Aufruhrs auszuliefern. Sie würden Tag und Nacht nicht von der Stelle weichen, bis sich der König ihrer erbarme. So blieben sie zwei Tage und zwei Nächte vor dem Schloss und wurden nicht müde, um Gnade zu flehen und nach Alexander, ihrem König und Herrn, zu rufen.

Endlich öffneten sich die Pforten des Schlosses, und der König trat heraus. Als er da seine Veteranen, die so tapfer mit ihm all die schweren Schlachten geschlagen hatten, so demütig vor sich sah, da konnte er die Tränen der Rührung nicht mehr zurückhalten. Er trat näher, um zu ihnen zu sprechen. Sie aber drängten sich um ihn und hörten nicht auf, ihn anzuflehen, warfen sich vor ihm in den Staub und schrieen vor Verzweiflung.

Es war das letzte Mal, dass unser Zeitzeuge Alexander in voller Blüte zu Gesicht bekam: *„Als der König uns endlich die Majestät und Gnade seiner göttlichen Gegenwart* *schenkte, da trat ich vor und sprach: O König, was uns Makedonen vor allem schmerzt, ist, dass du Perser zu deinen Verwandten gemacht hast, dass Perser sich nun Alexanders Verwandte nennen und dich küssen dürfen, und von uns Makedonen ist nie einer dieser Ehre teilhaftig geworden!*

Da rief der König: Euch alle mache ich zu meinen Verwandten und nenne euch also von Stund an so. Und er trat auf mich zu und küsste mich. Und von den Soldaten küsste ihn, wer wollte. Da nahmen wir unsere Waffen auf und jubelten laut und sangen Freudenlieder und zogen jauchzend in unser Lager zurück. Alexander aber gebot, zur Feier der Versöhnung ein Opfer für die Götter zu bereiten. Dann wurde ein großes Mahl gehalten, an dem fast das gesamte Heer teilnahm, in der Mitte saß der König unter uns. Es war der größte Sieg, den wir je erfochten. Wir hatten das Herz unseres geliebten Herrschers zurück erobert.“

Es waren schließlich etwa 11.000 Veteranen, die nun willig Abschied nahmen, um nach Makedonien zurückzukehren. Sie erhielten weiteren Sold, dazu einen hohen Betrag für die Reise. In einem Schreiben wurde Alexanders Statthalter in Makedonien, Antipatros, angewiesen, den Heimkehrern zuhause ständig Ehrenplätze im Theater und den Kindern der Gefallenen eine Rente in Höhe des Soldes ihrer Väter zu gewähren. Die Soldatenkinder von asiatischen Frauen blieben im Lager zurück, um hier erzogen und später nach Makedonien gebracht zu werden.

Im Herbst 324 erkrankte des Königs Liebling, Hephaistion, an Fieber und starb binnen weniger Tage. Kein Verlust seit dem tragischen Ende des Kleitos erschütterte den Monarchen mehr als der Tod seines besten Freundes und Kameraden. Tage und Nächte lag er bei der Leiche, fastete, schnitt sich das

Haar. Alle Feierlichkeiten im Lager mussten abgebrochen werden. Sogar den Pferden wurden die Mähnen geschoren und die Zinnen der Stadtmauern von Ektabana wurden geschleift. Für das ganze Land wurde Staatstrauer angeordnet.

An das Orakel des Ammon in Ägypten gingen Boten ab mit der Anfrage, ob Hephaistion göttlich verehrt und ihm geopfert werden dürfte. Perdikkas erhielt den Auftrag, den Verstorbenen zur Trauerfeier nach Babylon zu überführen, wo ein gigantischer Scheiterhaufen und ein monumentales Grabmal errichtet werden sollten. Die Stelle Hephaistions als Chiliarch wurde nicht wieder besetzt. Alexander war außer sich vor Schmerz. Doch es wäre untypisch für Alexander gewesen, wenn er nicht trotz seines Kummers bereits neue Eroberungspläne geschmiedet hätte.

Das Ende

Die Vorstellungen, die man sich in der damaligen Welt von Arabien machte, waren gewiss nicht klarer und besser als die von Indien in den Zeiten vor dem Feldzug von 327/25. Vor allem fehlte noch die Kenntnis davon, dass dieses Land zum größten Teil aus Wüste bestand. Ganz im Gegenteil, hielt man es sogar für besonders reich. Kamen doch viele kostbare Dinge aus diesem Teil der Welt. Dass die Araber nur Zwischenhändler für den fernen Osten, vor allem Indien, waren, wusste die damalige Mittelmeerwelt nicht.

Alexanders Plan ging nun dahin, das gewaltige unbekannte Land durch eine kombinierte Aktion der Land- und Seestreitkräfte zu unterwerfen. Ein kühner Plan, ganz zu dem Welteneroberer passend. Bei Babylon ließ er einen Hafen für nicht weniger als tausend Kriegsschiffe anlegen. Zahlreiche königliche Beauftragte erschienen in Phönikien und in den anderen Küstengebieten des östlichen Mittelmeeres, um das für die Bemannung der ungeheuren Flotte nötige Schiffsvolk anzuwerben.

Mit den Mannschaften ließ Alexander auch zahlreiche Schiffe in zerlegtem Zustand auf dem Landwege vom Mittelmeer nach dem oberen Euphrat schaffen. Während all dieser Vorbereitungen stachen von der Mündung des Euphrat aus hintereinander drei Dreißigruderer unter der Führung besonders bewährter Kapitäne in See, um die arabischen Küstengewässer zu erkunden, ehe die Riesenflotte ihre Fahrt antrat. Dass keines dieser Schiffe über das Kap Maketa an der arabischen Ostküste hinauskam, konnte Alexander in seinem Entschluss nicht wankend machen, mit dem Heer- und Flottenzug noch im Sommer des Jahres 323 zu beginnen.

Im Mai des Jahres 323 war die Stadt Babylon voll kriegerischen Lebens. Die neuen Truppen übten und die Flotte lief fast täglich aus, um bestimmte Manöver zu üben. Der König selbst war oft zugegen, um an die Sieger im Exzerzieren und Steuern Lob und goldene Kränze zu spenden. Man wusste, dass der Feldzug kurz bevor stand. Es kehrten auch die Boten aus Ägypten, die bei den Priestern des Ammon angefragt hatten, mit positiven Nachrichten zurück: Hephaistion sei wie einem Gott zu huldigen und zu opfern. Es war sogar schon der Tag zur Abfahrt der Flotte und zum Beginn des Arabischen Feldzuges bestimmt.

Zu diesem Anlass hatte Alexander seine Freunde bei sich zum Abschiedsmahle versammelt, das er am 30. Mai 323 seinem Admiral Nearchus gab. Die meisten Gäste hatten sich schon verabschiedet, da kam der Thessaler Medius, ein Freund des Königs, und bat ihn, noch einen Schlummertrunk bei ihm zu nehmen. Alexander mochte den biederen Medius sehr gern und er nahm die Einladung an. Als sich die Männer im Morgengrauen trennten, versprach Alexander einen weiteren Besuch für den nächsten Abend.

Der König ging heim, badete und schlief bis spät in den Tag hinein. Zur Abendtafel ging er wieder zu Medius, und die Männer zechten fröhlich bis spät in die Nacht. Alexander fühlte sich nach der Heimkehr unwohl, badete, aß ein wenig und legte sich fiebernd auf sein Lager. Am Morgen des 1. Juni erwachte er schweißüberströmt, er musste sich auf seinem Lager zum Altar tragen lassen, um das übliche Morgenopfer darzubringen. Anschließend ließ er die Generäle zu sich kommen und gab ihnen die nötigen Befehle für den Aufbruch. Das Landheer sollte am 4. Juni aufbrechen. Die Flotte dagegen, mit der er selbst mitfahren wollte, den Tag darauf. Aber sein Zustand besserte sich nicht.

Gegen Abend ließ er sich auf seinem Lager zum Euphrat hinab und auf ein Schiff tragen. Über den Strom fuhr er zu den berühmten Gärten der Semiramis. Dort nahm er wiederum ein Bad und verbrachte, gequält von Fieberschauern, die Nacht. Am nächsten Tag besuchte ihn sein Freund Medius und versuchte ihn aufzuheitern. Doch das Fieber nahm zu, des Königs Zustand verschlimmerte sich. An Schlaf war nicht mehr zu denken. Der König verschob am nächsten Tag die Abfahrt der Flotte auf den 6. Juni.

Es kam der vorbestimmte Tag der Abfahrt. Alexander war so geschwächt, dass er den Göttern nicht mehr opfern konnte. Wieder wurde die Abfahrt verschoben. Am 7. Juni befahl der sterbende König, dass sich die Generäle im Vorzimmer versammeln sollten. Die Hauptleute und Offiziere warteten währenddessen tief bekümmert im Schlosshof. Alexander selbst ließ sich aus den Gärten zurück in das Schloss tragen.

Er wurde immer schwächer, konnte nicht mehr sprechen. Diese Nacht, den folgenden Tag, die darauffolgende Nacht wütete das Fieber mit mörderischer Gewalt im geschwächten Körper des Herrschers.

Die Meldung von der schweren Krankheit des Königs sorgte im Heer und in der Stadt für Entsetzen. Die Makedonen drängten sich um das Schloss, verlangten energisch ihren König zu sehen. Sie fürchteten, er sei schon tot und man würde es ihnen verschweigen. Sie drohten so lange, bis man ihnen die Tür öffnete. Dann gingen sie alle nacheinander am Lager des Königs vorbei. Alexander hob das Haupt ein wenig, reichte jedem die Rechte und winkte mit den Augen seinen Veteranen den Abschiedsgruß zu. Zum Sprechen war er schon zu schwach.

Am nächsten Tag, es war der 11. Juni 323, starb Alexander, den die Nachwelt den Großen nannte, mit fast 33 Jahren und nach 12 Jahren auf dem Thron. Auf die Frage, wem er sein riesiges Reich vermache, soll er geantwortet haben: „Dem Stärksten“. In dem Augenblick, als das Schicksal den König vom Schauplatz seiner Macht berief, begann der Zerfall seines Reiches. Seine Ideen aber beherrschten weiterhin die Welt. Alexander des Großen Vision einer Orient und Okzident umspannenden Einheit hellenischen Geistes und hellenischer Kultur wurde zur Wirklichkeit einer über Jahrhunderte sich erstreckenden Epoche der Geschichte.

Letzte Ruhe in Ägypten

Zu Lebzeiten überstrahlte Alexander sie alle. Erst nach dem Tode des Königs, dem glänzenden Mittelpunkt der Generalität, trat das wahre Format seiner Mitarbeiter in Erscheinung. Nun konnten sie sich voll entfalten. Unter ihnen waren so mächtige Männer wie Ptolemaios I. Soter, der in Ägypten die Dynastie der Ptolemäer gründete, die erst mit der Königin Kleopatra endete. Oder Seleukos I. Nikator, der den asiatischen Teil von Alexanders Eroberungen in Besitz nahm. Oder Antigonos, zu Alexanders Zeit ein blasser Schatten, der sich zu einem mächtigen Herrscher aufschwang.

Der letzte Wunsch des Königs, bei seinem Vater Ammon in der fernen libyschen Oase bestattet zu werden, blieb unerfüllt. General Ptolemaios ließ Alexanders Leiche in einem pompösen Trauerzug auf einem kostbar geschmückten Wagen nach Ägypten überführen. In Alexandria fand Alexander seine letzte Ruhestätte in einem Glassarg. Es ist nicht ohne tiefere Bedeutung, dass sich mit Alexanders sterblichen Überresten auch der politische Schwerpunkt der Welt verschob.

Kurze Zeit, nachdem Babylon aufgehört hatte, die Hauptstadt des Alexanderreiches zu sein, ging seine ruhmreiche Geschichte zu Ende. Die Stadt sank zu provinzieller Bedeutungslosigkeit herab und wurde schließlich unter Wüstensand vergraben. Alexandria war für lange Zeit die neue Metropole des Mittelmeers. Es schien, als wäre mit dem Leichnam auch der Geist Alexanders nach Westen gewandert. Noch Kaiser Augustus hat Alexander, soviel ist verbürgt, in seinem Glassarg ehrerbietig Reverenz erwiesen. Aber bald darauf verliert sich die Spur des Jahrtausendgenies. Das Grab Alexanders des Großen, das über so viele Jahrhunderte die Mitte der hellenistischen Welt war, ist heute verschollen.